Anuario de Poesía de San Diego

2021 - 22

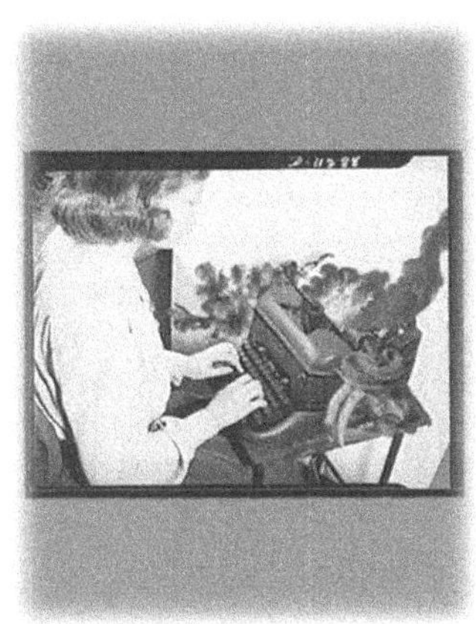

Pozol

Edición Bilingüe • Bilingual Edition

San Diego Poetry Annual

San Diego Entertainment + Arts Guild
Rainbow, California

San Diego Entertainment + Arts Guild
1953 Huffstatler St., Suite A
Rainbow, CA 92028
760 728-2088
sdeag1@gmail.com
sdeag.org

First published on March 1, 2022

ISBN-13: 9798786635714

Printed in the United States of America

San Diego Entertainment + Arts Guild (SDEAG) is a 501(c)(3) arts non-profit.

IN MEMORIAM

ÁNGEL ORTUÑO

ELIA CÁRDENAS SANTANA

ÍNDICE / CONTENTS

Anuario de Poesía de San Diego 2021-22

Pozol

San Diego Poetry Annual

Edición Bilingüe * Bilingual Edition

Editora
Olga García

Editor en Jefe
Michael Klam

Editor Fundador
William Harry Harding

Ángel Ortuño

Algo sobre la desconfianza en los poderes de la poesía

Recibimos su ensayo.
Tal vez su tema sea
interesante
para ciertos lectores. Pero ese
no es el verdadero problema.

¿Es a propósito que las oraciones
que componen los párrafos que integran
el texto
parezcan estar
más medidas
que pensadas? Es decir,
la musiquita, amigo, la
musiquita
con la que pretende
tomarnos el pelo.

¿Qué hay
con eso?

Something about the general mistrust in the powers of poetry

translation by Ánuar Zuñiga Naime

We received your essay.
Your topic might be
interesting
for certain readers. But that
is not the real problem.

Is it on purpose that the sentences
that constitute the paragraphs that make up
the text
appear to be
more measured
than rationalized? That is to say,
the catchy tune, friend, the
catchy tune
with which you intend
to tease us.

What's up
with that?

Corona de Reina

II

Pasa el tiempo las gráficas crecen
mientras la esperanza muere
caminan por las rúas solitarias
los humanos con tapabocas y ojos asustados
el alcohol-gel es el aroma universal.
subir las defensas y quédate en casa, el estribillo.
Ahora el humano tiene hartazgo del confinamiento,
lee, cocina, ve televisión, pero necesita aire fresco, salir,
reunirse con los amigos, pasear por la orilla de la playa,
respirar aire de su contradictoria actitud.
En algunos países la gráfica decrece.

Los animales salen a pasear por la calles solitarias
felices sin que nadie los maltrate, gozan del sol,
del cielo azul sin esmog,
es un verdadero sueño, mordisquean setos,
gozan de un mundo hermoso.
El rey no es aniquilado, al ser atacado por la falta
de seres humanos y perfumado con alcohol-gel
él decide alejarse y tomar un descanso
para arreglar su corona un poco abollada
hace la promesa de regresar porque tiene un
poder llamado clonación.

Crown of a Queen

translation by Julie Brossy

II

As time passes, case numbers rise
hope recedes
people walk through lonely streets
with masks and frightened eyes
hand sanitizer is the universal aroma
Stay home, build the barricades, the chorus.
But after a while they are sick of confinement,
Of reading, cooking, watching television
They want out
Fresh air, friends, the beach,
To breathe rebellion.
In some countries case numbers fall.

Animals walk the lonely streets
happy that no one is mistreating them, enjoying the sun,
the blue sky without smog,
it is a true dream to nibble at hedges
enjoying a beautiful world.
The King does not die
upon being attacked by the absence of humans
and perfumed by sanitizer,
He decides to go away and take a break
to fix his Crown which is a bit dented
Promising to come back because he has
the power of cloning.

Ernesto

En vez de morir,
se hizo hombre pájaro,
sin alas, sin plumas,
tan solo manos.

Atravesó ciudades, bosques y montañas.
Regresó volando a un país
que jamás había existido,
habitado de gente honesta
que ya había muerto.

Ernest

translation by the author

Instead of die,
he became a birdman,
without wings, without feathers,
only hands.

He crossed cities, forests and mountains.
Flew back to a country
that had never existed,
inhabited by honest people
who had already died.

Karla Barajas

Mitigadoras

No tenemos sombra
llenen de elíxir
nuestra esperanza
mitiguen los huecos
en la boca del estómago
acrecentados con prisas.

Fusionen
con manos;
agua, maíz,
cacao, canela;
impregnen
en mi paladar
la esencia a Chiapas.

Que la brisa
de oscuras cascadas
llegue a estas jícaras vacías,
y el olor al pozol
bebida de Dioses
nos inunde,
con el calor de sus manos,
porque en mi pueblo cada día
huele más a
impunidad
plástico
y a ceniza el viento.

Mitigators

translation by Lorena Escudero

We have no shadow
fill our hope
with elixir
mitigate the hollows
enlarged in a rush
in the pit of the stomach.

Fusion
with hands;
water, corn,
cocoa, cinnamon;
soak
my palate
with the essence of Chiapas.

Let the breeze
of dark waterfalls
reach those empty *jícaras,*
and the smell of *pozol*
drink of Gods
swamp us,
with the heat of their hands,
because in my village every day
the wind smells more and more
of impunity
plastic
and ashes.

Daniel Bencomo

Gesto de ghost

Hay flujos que permanecen abiertos:
hongos, mosquitos en tejidos de color

irradiante

el gesto inesperado del hueso
en el gesto usual del nosotros

se abre más una milésima
en el plexo de empatía que preparas

tejiendo con músculos, saliva y afecto.
Hay una unidad de luz y agua en la bomba

de azules de Prusia que coloniza tus ojos.
Gesto de hueso en nosotros
Gesto de ghost en nosotros

residuo nuclear en el que intercambiamos
flujos de calor, filosofías obsoletas de vida

y poemas de Basho con el entorno

cuando queda poco por decir, cuando
hay mucho más por compostar.

Ghost gesture

translation by José Héctor Cadena

There are flows that remain unfurled:
fungi, mosquitos woven into tissues of color

irradiant

the unexpected gesture of bone
in the usual gesture of us

opens beyond the split
plexus of empathy you prepare

weaved with muscles, saliva and affection.
There is a oneness of light and water in the bomb

of Prussian blues that colonize your eyes.
Bone gesture on us
Ghost gesture on us

nuclear residual waste from which we exchange
heat fluxes, obsolete philosophies of life

and poems by Basho that surround us

when there is little left to say, when
there is so much more for compost.

A orillas del mar rojo

Deseo de tener un cadáver
en la cama,
de insuflar en los perros
virtudes oraculares.
Hipnótica repetición de tener
un cadáver en la cama.
Devorar pergaminos
como único cerrojo.
Olfateando un tajo místico
los inquisidores sospechan
de los túneles helados,
de los salmos silenciosos.
Coleccionan legiones degolladas
en su vasto y oscuro olvido de Dios.
Imputan sueños de insolencia
a la niña durmiente
sobre un globo negro:
La desobediencia
a orillas del mar rojo.

At the edge of the red sea

translation by Eduardo Padilla

Wish to have a corpse
in bed,
wish to insufflate in dogs
oracular virtues.
Hypnotic repetition of having
a corpse in bed.
To devour parchments
is the only lock.
Sniffing out a mystical site
inquisitors are suspicious
of frozen tunnels,
of silent psalms.
They collect decapitated legions
in their dark and vast forgetfulness of God.
They charge the girl sleeping
on a black balloon
with insolent dreams:
disobedience
at the edge of the red sea.

Alexandra Botto

Herman y su espejo

No somos más que dioses a la deriva,
almas de ópalo y huérfanas
con el hedor de la muerte arrastrándose en nuestros talones.
Somos el desamparo de la imaginería de Dios,
la barbarie de los egos en la carne.

Lo saben los niños en Siria,
que ahora duermen el sueño amargo
que la espuma mortal les dejó en la boca.

Lo saben el soldado y el rey
que roen por igual el mismo hueso ensangrentado.
Lo sabe nuestro príncipe mientras brinda con el rubio líder europeo
por la falsa paz empañada por el dolor de los extraños.

Sunny boys, ustedes lo saben…
Mientras aguardan turno en el burdel *online*
por el falso orgasmo de
una drogadicta en la pantalla, las madres abrazan
los cadáveres de sus hijas violadas.

Pretty girls, ustedes lo saben.
Mientras lucen sus jeans deslavados
un vietnamita infla sus pulmones
con arena para que las Barbies multicolores luzcan
sus nalgas en las calles.

Y tú también lo sabes.
Así habló Herman a la muchedumbre
de los barrios bajos de la tierra
antes de escupir en el espejo.

Herman and his mirror

translation by the author

We are nothing but gods adrift,
opal souls and orphans,
with the stench of death crawling in our heels.
We are the helplessness of God's imagination,
the barbarity of egos in the flesh.

The children in Syria know this,
as they now sleep the bitter dream
hat the deadly foam left in their mouths.

The soldier and the king know this,
gnawing at the same bloodied bone.
Our prince and the blond European leader know this,
while toasting for false peace tainted
by the pain of strangers.

Sunny boys, you know it
while waiting for your turn in the online brothel
for the fake orgasm of a drug addict,
on the screen, mothers embrace the corpses
of their raped daughters.

Pretty girls, you know it
while wearing the washed-out jeans,
a Vietnamese inflates his lungs with sand
for the multicolored Barbies display their buttocks
in the streets.

And you know it too.
Thus Herman spoke to the crowds of the earth's slums,
before spitting in the mirror.

Francisco J. Bustos

Esto no es un love poem

This is not a love song
This is not a love song
—John Lydon, Public Image Limited

Este poem no se trata de eternal corazón smiles
Este poem no se trata de eso que la world calls amor

Esto no es un love poem,
esto no es un love poem,
no es un blues poem,
no es una balada poem
ni nada in between.

Aquí no encuentras
that groovy Jazz
"*loving feeling*"

Aquí no encuentras
animal-corazón-heart-noise
modulating fuego interno.

Tal vez encuentras
un passion-less cuento
labyrinth, una open journey montaña
con Madre Tierra dream-doors
abriendo su boca
pulsing vida-breath beats
con cada step
"*towards the within*"

Maybe,
just maybe.

This is not a poema de amor

translation by the author

> *This is not a love song*
> *This is not a love song*
> *—John Lydon, Public Image Limited*

This poema is not about sonrisas eternas de heart
This poema is not about that thing
which el mundo llama love

This is not a poema de amor,
this is not a poema de amor,
not a blues poema,
not a ballad poema
nor nothing en el medio.

Here you won't find
ese groovy Jazz
"*loving feeling*"

Here you won't find
animal-heart-corazón-ruido
modulando internal fire.

Maybe you'll find
a passion-less story
laberinto, a mountain de camino abierto
with Mother Earth puertas-de-sueños
opening its mouth
pulsando ritmos de life-suspiros
with each paso
"*towards the within*"

Quizás,
solo tal vez.

esto no es un love poema
esto no es amor-poetry

marcando ese special spark
que todos conocen
with warm hands caminando
lungs locked in sync
to the beat of the cielo-sky

No,
this ain't that

Not a poema de love
Not a poema de love
Not a poema de love
Not a poema de love. . .

But this is not an amor poem
this is not an amor poem
this is not love-poesía

marking that chispa especial
that everyone knows well
con manos tibias walking
pulmones amarrados en sincronía
al ritmo del cielo-sky

No,
esto no es eso

No es un amor poem
No es un amor poem
No es un amor poem
No es un amor poem. . .

Honores

Para nadie es nuevo que en México reina la muerte,
la muerte, reina, y los lunes en las escuelas,
izan la bandera.

El pedazo de tela sucia pide al viento que la limpie.

Saluting the Flag

translation by Jorge Eduardo García

It is nothing new to anyone in Mexico
                                            that death reigns supreme,
death reigns. On Mondays at school,
they hoist the flag.

The dirty strip of fabric asks the wind to clean it.

Dante Cajales Meneses

Tañer de occisa

en el espesor del agua
el carroñero
pierde la huella del indio

el Selk'nam se detiene
y oye
el roce del viento en los matorrales
su corazón y el horizonte
tienen los mismos latidos

con los pies hundidos en el barro
va el carroñero
otra vez
tras las huellas del indio

se escucha en el bosque
el tañer del cuerno de bronce

le dieron al Selk'nam

un atavío de piel herida
el deshielo
lame

desollado
agoniza

desorejado
por una libra esterlina

sólo se oye
el lejano ladrido de perros
del carroñero.

El genocidio de indígenas en el sur de Chile que la historia oficial intentó ocultar. El exterminio de los Selk'nam, fue ordenado por el mayor latifundista Magallanes.*Menéndez. Rey de la Patagonia.*

Miércoles, 13 agosto, 2014. Periódico *El mostrador.cl*

Death Knell

translation by Micaela Paredes Barraza

in the thickness of water
the scavenger
loses the Indian's trace

the Selk'nam stands
and hears
the wind brushing the shrubbery
his heart and the skyline
have the same pulse

with his feet in the mud
the scavenger goes on
once again
after the Indian's traces

the bronze horn tolling
is heard in the woods

the Selk'nam has been shot down

a wounded fur attire
the thawing
he licks

flaying
he agonizes

ears cut off
for a sterling

only the distant
bark of the scavenger's dogs
is heard.

The genocide of indigenous people in the south of Chile that the official history tried to hide. Selk'nam people extermination was commanded by the greatest landowner of Magallanes. *Menéndez. King of Patagonia.*
Wednesday, August 13, 2014. *El mostrador.cl*, newspaper.

César Cañedo

La primera vez que corrí

me daba miedo que salieran mariposas de mi pecho
o de mis piernas,
me las acomodaba detrás de las calcetas
                                        y les hacía triple nudo
para que no se soltaran entre el *listos* y *fuera*.

Me horrorizaban mis hombros relajándose
y mi concentración detenida en los otros competidores.
Los veía más tensos,
más muchachos, más ganadores.
Le tenía miedo a sus piernas más astutas,
al modo en que sus brazos
sólo tenían la opción de obedecerlos,
a su determinación estirándose y estirándolos
en el calentamiento.

Temía que en cualquier momento algo de mí se rebelara
poniéndome al revés el número,
invirtiéndome los pasos,
corriendo hacia atrás en el momento en el que todos
van hacia adelante.

Me daba miedo que esa manera de correr con mariposas
me llevara al fracaso.

The first time I ran

translation by Alan Mendoza Sosa

I was scared that butterflies would fly out of my chest
or my legs.
I'd put them behind the socks
                    and tie them with a triple knot
so they didn't leave between *ready* and *go*.

I was terrified of my shoulders loosening up
and my focus freezing on the other competitors.
To my eyes they were more tense,
more like young men, more like winners.
I was scared of their smarter legs,
of the way their arms
had no choice but to obey them,
their determination stretching and stretching them
during warm-up.

I feared that at any moment something of me would revolt,
turning my number upside down,
reversing my steps,
running backwards in the moment everyone
goes forward.

I was scared that running with butterflies
would take me to failure.

Días lentos

Hay días lentos como globo aerostático
sin grandes corrientes de aire.
Días alargados como chicle de menta
a punto de romperse.
Días en que es preferible dormir
sobre un mar lechoso hasta tarde,
acunados por la marea.
Días en que no estamos hechos
para levantar ninguna bandera,
ni la del atardecer, ni en defensa propia,
días en que bajamos la guardia
porque ya no queda nada,
días que nos envuelven como gas
en espera de la chispa.

Slow days

translation by Eduardo Padilla

There are slow days like a hot-air balloon
when there's no wind.
Days long like peppermint chewing gum
ready to snap.
Days when it's better to oversleep
on a milky sea,
cradled by the tide.
Days when we are not fit
to carry a flag,
not even the sunset's, not even in self-defense,
days when we let our guard down
because there's nothing left,
days that surround us like gas
waiting for a spark.

El mediodía eleva un ancla de solares baldíos

El mediodía eleva un ancla de solares baldíos,
una trasparencia oleosa y el rastro de cierto recuerdo
que se siembra como a “tierra venida” de la infancia.
Hubo flores de alazor a orilla del camino que reveló mi padre,
sus ramas densas y espinosas alejaban a los pájaros,
cardenales, mirlos y gorriones
sobrevolaban el cártamo del día en desaliento,
otros, desde viejos álamos, contemplaban
las minutas de algodón y sus semillas desprendidas por el aire,
la longitud del silencio en esos días me estremecía,
julio esparcía desolación en los campos de falsos azafranes
los lomos de los surcos como una provincia desconocida y lejana
ceñían mis sueños de confusas palabras, de horas agolpadas
que hoy entiendo, resultarán por siempre indescifrables.

The Midday Raises Anchor on Empty Land

translation by Gabriela Guinea and Kim Anthony Johnston

The midday raises anchor on empty land
an oily transparency and the trace of certain memory
is planted like the homeland of childhood
My father revealed there were safflowers on the roadside
its dense thorny branches repelled the birds
cardinals, blackbirds and sparrows
flew gloomy over the thistles of the day
others from old elms watched cotton balls
and their seeds scattered by the wind
the length of silence in those days shook me
July spread desolation on the fields of fake saffron
the ridge of the furrows
like an unknown faraway province
bound my dreams of confusing words
of crowded hours
that now I understand, would always be
undecipherable

Nadia Contreras

El mar, sus olas a la orilla del sueño

Aquí estamos, madre, frente a frente.
El mar en soledad es azul.
Cuántas tardes transcurrieron para el encuentro,
cuántos inviernos.
Y tú nada dices.

Tienes 42 años. Lo sé.
Pero de pronto eres una niña en las calles
de una ciudad
sin nombre.
Y te vas por allí, entre la prisa circular.

Ante tus ojos que son mis ojos
se abren calles infinitas, avenidas
como tus piernas hacia el centro del deseo.

Dime quién sembró en la marea alta de tu vientre
esta ola que cae.
Qué pasó luego --te pregunto--.

Se te acabó el pan, el agua
como a mí las ganas de vivir.
Y la puerta es tan estrecha.

Ya no eres una niña, madre.
Vienen las horas, los días, los años y el cielo
no es azul
ni blanca la luz del mundo.

Pero dime ¿qué soy para tu vientre?
Tengo ahora veinticuatro años
y nunca las noches fueron tan oscuras,
soledad en llamas
desbordada.

The sea, its waves in the border of dream

translation by Dana Gelinas

Here we are, mother, face to face.
The sea, in loneliness, is blue.

How many afternoons have passed for the encounter,
how many winters.
And you say nothing.

You are 42 years old. I know.
But all of a sudden you are a child in the streets
of a city
with no name.
And you spin around, among the circular haze.

In front of your eyes that are my eyes
Infinite streets are opened, avenues
as your legs towards the center of desire.

Tell me who planted in the high tide of your womb
this fallen wave.
What happened next --I ask you--.

You ran out of bread, of water
as I ran out of the will to live.
And the door is so narrow.

You are not a child anymore, mother.
There come the hours, the days, the years and the sky
is not blue
or white is the light of the world.

But tell me What am I for your womb?
Now I am twenty four years old
and never the nights had been so dark,
loneliness in flames
overwhelmed.

Estamos aquí, madre, por primera vez.
Éste es mi reino, el mar, sus orillas.
Quédate conmigo a vivir.
No importa
que al amanecer
sea tu figura un presagio.

Here we are, mother, for the first time.
This is my kingdom, the sea, its borders.
Stay with me to live.
It does not matter
if at dawn
your figure is an omen.

Luis Correa-Díaz

Poema Mensaje-Cadena

envía este poema a 123 personas
de entre tus contactos al menos
dentro de los 30 minutos después
de haberlo terminado de leer
—puedes considerarlo una especie
de meme y preguntarte si vale o
no en su mensaje poético, la cosa
es que no rompas la cadena,
que sería ocasión de poca fortuna
para ti, éste es un sobreentendido—:
que tengo un ejército de dragon-
flies, listas en sus seis direcciones,
para los que abandonaron el amor
debido a hermanos y hermanas
y se pusieron a seguir los pasos
babosos de la Bestia en la tierra,
pero mejor que escuchen directo
la canción de Madonna del 2004,
sin ir al viejo libro versiculado
si no quieren, nunca aprenderemos
de nuestras llagas que el sátrapa
lame, de entre sus dedos de obeso
irredento, como si fueran su caviar
después de un partido de golf
mientras alza un cáliz de champagne
y convence al mundo en entrevistas
de que él es toda y la santa verdad
y que sus huestes sólo pretenden,
en sano ejercicio del amendment 1,
besarnos y abrazarnos, que nuestros
corazones yerran si no lo adoramos,
cualquier otro sentir es mala prensa...;
si replicas este poema, entonces,
tu ingenuidad será recompensada
y más que apreciada tu netiquette

Chain-Letter Poem

translation by the author

send this poem to at least 123
people among your contacts
within the 30 minutes after
having finished reading it
—you can think of it as a species
of meme and freely ask yourself
if it's worth it or not in its poetic
message, the important thing
is that you don't break the chain,
it would be a prospect of little
fortune for you, this is no doubt
a self-explanatory statement—:
I have an army of dragon-
flies, ready in their six directions,
for those who blindly abandoned
loving their human and non
human fellows and set out to
follow in the slimy footsteps
of the Beast on Earth, but you'd
rather listen to Madonna's 2004
song than to me here (no need
to go to the old versiculate book
if you don't want to), we'll never learn
from our wounds that the satrapa
swallows like a caviar snack
using his irredent obese fingers
right after golfing with his associates
as he raises a chalice of champagne
and convinces the world in interviews
that he is the whole and the holy truth,
and that his hosts only pretend,
in healthy exercise of Amendment 1,
kissing and hugging us, that our
hearts will be lost for eternity if
we do not worship him,
any other feeling is bad press...;
if you replicate this poem, then,
your credulity will be rewarded and
your netiquette fully appreciated

vino y se fue

como el buen vino se añejó
y yo no estuve ahí para catarlo
cantaron tórtolas
ticuses
          guaracachías
                    chuparrosas
tantos pájaros cantaron...

it came and it left

translation by Laura Jáuregui Murueta

like aged, fine wine
and I was not there to taste it
turtledoves sang
ticuses
          guaracachías
                              hummingbirds
so many birds sang...

Norberto De la Torre

Tomé un curso, por video, acerca de

para Ángel Ortuño
in memoriam 24/09/21

La teoría contingencial de la metáfora.
El instructor nos mostró fotografías interesantes
de una coreografía de lagartijas chinas.
Ya sabes, la disciplina es esencial,
obedecer es el procedimiento ideal para que
no te corten la cabeza.

Otra tarea consistió en leer, uno por uno,
todos los poemas premiados por la cofradía
de carpinteros holandeses,
especialistas en fabricar zapatos y,
también,
los premiados por el quinto batallón de zapadores
del ejército mandinga.

Además aprendimos las mejores técnicas
para violar una cerradura y el arte
de la digresión involuntaria.
En el examen final tuvimos que dar cuenta
de la anatomía de los gusanos,
a partir de una cola de elefante.
Nota: la ironía fue absolutamente repudiada por el grupo
y nos dedicamos después a tomar al toro por los cuernos.

I took a course, by video, about

translation by Emma Leticia De la Torre Galindo *and the editor*

for Ángel Ortuño
in memoriam, 09/24/21

The contingential theory of the metaphor.
The instructor showed us interesting photographs
of a choreography of Chinese lizards.
You know, discipline is essential,
to obey, is the ideal process to avoid
getting your head cut off.

Another task consisted in reading, one by one,
all the awarded poems by the brotherhood
of Dutch carpenters, specializing in shoemaking and,
also,
those awarded by the sapper fifth battalion
of the Mandinga army.

Furthermore, we learned the best techniques
to break a lock and the art of involuntary digression.
In the final test we had to excel
at worm anatomy, based on the tail of an elephant.
Note: the irony of it all was totally rejected
by the group
so we later turned our efforts
to grab the bull by the horns.

Mestizaje

Soy una harahuec.
Intento comprender
la yupana,
los tukapus inkas,
la escritura en pallares moche,
toda aquella sabiduría del antiguo Perú.

Soy una harahuec.
Habito en la piel y alma
de una mujer mestiza.
Dualidad rítmica,
en busca de reconciliación.

Se perdió conocimiento
en el saqueo del Tahuantinsuyo.
¿Año? 1532.
Violentos capítulos escarlatas...
Aquí sigo aún.

Soy…
Soy una harahuec.

Una…
Una poeta
SOY.

Busco respuestas:
en telares, en orfebrería de oro y plata,
en la cerámica mochica, en el español,
en la historia inka, en la comida peruana,
por todas partes.

Vuelvo a mi centro,
soy dos mundos...
A veces más.

Sigo por caminos
donde me guía la chakana
que vive en mi piel.

Mestizaje

translation by Mariela Cora Sztrum

I am a harahuec.
I am trying to understand
the yupana,
the inka tukapus,
the writing on Moche Lima beans,
all of the wisdom from Ancient Peru.

I am a harahuec.
I dwell inside the skin and soul
of a mixed-race woman.
Rhythmic duality,
searching for reconciliation.

Knowledge was lost
in the looting of Tahuantinsuyu.
The year? 1532.
Violent scarlet chapters…
I am still here.

I am…
I am a harahuec.

A…
A poet
I AM

I search for answers:
in looms, in gold and silver crafts,
in Mochica pottery, in Spanish,
in Inka history, in Peruvian food,
everywhere.

I return to my center,
I am two worlds…
Sometimes more.

I follow the paths
guided by the chakana
that lives within my skin.

Cynthia Franco

Mariguana Boogie

Mezclar todo con todo como venga, y sorprenderse
—Manu Chao

Hey muchacha, *give me* un poco de caricia
come on, tantita gracia divina de tu Hong Kong
congal con la Santa Grifa de fondo mientras te resbalas
por la serpiente
tu columna vertebral shine in your crazy diamond
Tj, Ana María, caguama tatuada en una dama *lipstick*
sabor *strawberry*
tirando placazo simón en el pulgón o sacas el Zaca
antes de que venga la placa traemos ropa de paca
y la esperanza bajo la manga para juntar *to junt* lo del taxi
caminamos por la revu con canala o cáscara de limón
whatever it's also bitches in cream until the sunshine is here
blooming and blow bling bling
las ganas no cesan de cruzar al azar
debajo de las púas o encima del mar
seguimos con el canto bien *alive*
todavía queda cogollo y alcanza pa´ un birote cerquita
del Teniente Guerrero
donde los *moonlights* cantan "mi cariñito, ámame también"
and yes, yes
honey, hold me close to you
because you driving me crazy, keep calm and
comemos una escamocha
just because radicalmente busco un tiro contigo *hommie*
go, and gold una *go pro* para grabarnos en playas frente al muro
el recuerdo más tierno de que la malahierba nunca muere
y las fronteras también tiemblan, como tu piel en la madrugada
los ojos rojos monchis

hachis nostalgia *bittersweet* por un burrito de machaca
horizonte con un paliacate en la frente tirando barrio
this is 664 my sweet home homs
pinshi vieha loca que se desboca con un *deformance*
sube 38 escaleras con la leche jersey en la mano izquierda
and let me blow your mind
dear morrita chola chillin en Tijuana ya sabes
para amar de a de veras como se ama
con la navaja norteña en el alma

Mariguana Boogie

translation by the author

Mix everything with everything as it comes, and be amazed
—Manu Chao

Hey *muchacha* give me a little caress
come on, so much divine grace from your Hong Kong
congal with la Santa Grifa in the background
while you slide the snake
and your spine shine in your crazy diamond
TJ, Ana María, caguama tattooed on a strawberry
flavored lipstick lady
throwing *simón en el Pulgón* or *sacas el Zaca*
Before *la Placa* comes, we bring *ropa de paca*,
and the hope up the sleeve to collect to junt *lo del taxi*
we walk through *la revu* with *canal*a or lemon peel
whatever it's also bitches in cream until the sunshine is here
blooming and blow bling bling
the desire does not stop crossing at random
under the spikes or above the sea
we continue with the song, *bien* alive
there is still bud and it reaches for a *birote* close
to the Teniente Guerrero
where the moonlights sing "*mi cariñito, ámame también*"
and yes, yes
honey, hold me close to you
because you driving me crazy, keep calm and
we eat *una escamocha*
just because radically i´m looking for *un tiro* with you hommie
go, and gold and go pro to record ourselves *en playas*
in front of the wall
the fondest memory that badweed never dies
and the borders also tremble, like your skin at dawn
the red eyes *monchis*

hachis nostalgia bittersweet for a *burrito de machaca*
horizon with a bandana on the forehead pulling neighborhood
this is 664 my sweet home, homs
pinshi vieha loca that runs amok with a deformance
climbs 38 stairs with the milk jersey in the left hand
and let me blow your mind
dear *morrita chola* chillin en Tijuana you know
to truly love as one loves with the northern razor in the soul.

Efecto Doppler

Nunca sé a ciencia cierta si vienes o te alejas.
Tu voz reverbera en la distancia
y mi vaga noción de los principios
tras el efecto Doppler, se disuelve
en la humedad salada

(eres la fuente que se mueve,
yo, el que observa en reposo
cómo se dispersa)

en la humedad salada
que cada tarde,
puntualmente,
se condensa en neblina
cuando tu voz se escucha en la distancia.

(eres la fuente que se mueve,
yo, el que espera sediento)

Doppler Effect

translation by the author

I never know for sure if you are coming or going away.
Your voice reverberates in the distance
and my vague notion of the principle
behind Doppler effect, dissolves
in the salty moisture

(you are the fountain that moves,
I, the one who observes at rest
how it disperses)

in the salty moisture
that every afternoon,
promptly,
condenses into mist
when your voice is heard in the distance.

(you are the fountain that moves,
I, the one who waits thirsty)

Olga García Echeverría

Un Mensaje de Malinche

A quien le interese
mi nombre se lo tragaron sin permiso
primero los hombres de mi tierra
y luego los conquistadores extranjeros
que aunque se lo creían
no eran dioses
eran hombres

Mi nombre verdadero se deshizo
en el viento
en las llamas fanáticas de sacerdotes y soldados

Cuerpo hueso ceniza

Cada quien me pinta como le da la gana
Dizque soy la Madre Indígena del tal Mestizo
Amante / Traidora / Traductora / La Lengua de Varias
Lenguas
Víctima / Cautiva / Esclava
Sobreviviente / Valiente
El arquetipo de La Mera Chingada
que chingo todo

¡No chinguen!

A mí no me reduzcan a chivo expiatorio
Birria de babosos

A Message from Malinche

translation by the author

To whom it may concern
My name was devoured without consent
First by the men of my land
And then by the foreign conquistadores
Who although believed themselves Gods
weren't
They were men

My true name came undone
In the wind
In the fanatical flames of priests and soldiers

Flesh bone ash

Everyone paints me as they see fit
They say I'm the indigenous mother
                                        of the so-called Mestizo
Lover / Traitor / Translator / The Tongue of Many Tongues
Victim / Captive / Slave
Survivor / Woman of Courage
The ultimate archetype of the Fucked Female
Who fucked everything up

Fuck off!

I will not be reduced to a scapegoat
Goat stew for idiots

Martín García López.

Jardín familiar

Mi mamá deja semillas en el agua de limón.
Me gusta escupirlas, una a una, a las macetas secas.
Los cítricos no curan la muerte,
pero el jugo de limón sobre los ojos de mi abuela
le regresan la vida.

Family garden

translation by Arnulfo Valdez Oleta

Mother leaves the seeds waving in the lemonade
I like to spit one by one on the dried pots
Citrus can’t treat death,
perhaps lemon juice over grandma’s eyes
(could) bring her back to flesh.

Natalia Gómez

En casi todas las películas de acción

hay edificios que se destruyen
también autos
esas calles
a las que les explota el pavimento
con aceras llenas de árboles
personas
flores
¿Qué verdad se oculta en todo ello?
Las familias
la reconstrucción
los heridos de gravedad
los ilesos trastornados
toda esa serie y brutal caos
que dejan a la ciudad endeudada
y sin trabajo
ni inmuebles
¿A quién se debe responsabilizar?
¿Dónde quedan los protagonistas para hacerle frente?
¿Dónde está el gobierno?
¿Dónde los senadores y toda aquella gente que debe
resguardar la metrópoli?
En los créditos no hay finales justos
tampoco en la vida diaria
y nos miramos los unos a los otros
desde nuestro propio cine en casa
quizás para entendernos mejor.

In almost every action movie

translation by Don Cellini

buildings are destroyed
cars too
and streets
where the pavement explodes
with sidewalks full of trees
people
flowers
What truth is hidden in all this?
The families
the reconstruction
the seriously injured
the unhurt and disturbed
the whole series and brutal chaos
leaving the city in debt
and without work
or properties
Who should be held accountable?
Where are the protagonists left to deal with it?
Where is the government?
Where are the senators and all the people who should
protect the metropolis?
In the credits there are no fair endings
or in everyday life either
and we look to each other
from our home theatres
perhaps to understand ourselves better

Ignacio González Cabello

a Laura Martínez Garza

por supuesto

soy otro
es triste
nada me reconforta
esta parte de la vida se llama abismo:
mamá dijo que sería astronauta
y no
no pude
todos los días lo intenté tan duro
levanté partículas de mí
me escondí detrás del refrigerador
no corrí
nunca lo hice
la verdad fue un monstruo que me acechó
debí dejar que me consumiera
honestamente
no sabía qué hacer
en la espalda del Universo me sentí seguro

lo acepté

desde temprano
perdí
no jugué más
volteé a todos lados
y estuve solo

sí
duele
esa tarde Elvis se ahorcó por error
mamá estaba enojada porque papá llegó borracho
y papá sólo gritó que éramos estorbos
lo sé
el miedo no provenía de la habitación a oscuras
ni de los exámenes sorpresa
sino del amor
sufrí

sure

translation by the author

a Laura Martínez Garza

i’m some else
it’s sad
nothing comforts me
this part of life is calls abyss:
mom said i would be an astronaut
and no
no
i can’t do it
every day i tried so hard i lifted particles of me
i hid behind refrigerator
i did not run
i never maked it
the truth was a monster it’s stalked me
he just wanted consumed me
honestly
i did not know what to do
on the back of the Universe i felt safe

i accepted it

early
i lost
i didn't play anymore
i looked at everywhere
and i was alone

yes
it hurt
that afternoon Elvis hanged himself by mistake
mom was mad because dad came drunk
and daddy just yelled that we were a obstacle
the fear did not come from the dark room
nor the surprise exams
but of love
i suffered

continued

así de simple
en medio de la habitación
y parado sobre un punto sin importancia
insistes en que soy una silla
y no una Casa
amor
eso soy:
una casa en pedazos

that simple
in the middle of the room
and standing on an unimportant point
you insist that I am a chair
and not a House
love
that's what I am:
a house in pieces

Gabriela Guinea Johnston

Somos Seres Eléctricos

Somos seres eléctricos
trifásicos, polimórficos, aventureros

miedo es el límite de nuestros sueños
medida de la memoria bifásica

nuestra es: tuya, mía, de todos
la posible conductividad del cable

pero sólo posible
porque tiene un defecto
no hace tierra todo el tiempo

y nos reducimos
a la esencia dialéctica, paleolítica

entonces nos quedamos
sordomudos, inútiles,

matemáticamente perplejos

We are Electric Beings

translation by the author

We are electric beings
three-phased, polymorphic, adventurous

fear is the limit of our dreams
the biphasic memory's measure

ours is: yours, mine, everyone's
the possible cable conductivity

but only possible
because it has a defect
it doesn't always make ground

and we are reduced
to the paleolithic, dialectic essence

we become deaf and mute, useless

mathematically perplexed

Laura Jáuregui Murueta

Pan Poema

¿Por qué los poemas no son como los panes?
Quisiera que a todos se les antojaran
al verlos acostaditos en charolas calientes
        que se consumieran sin prisa
        y se acompañaran con leche
        alrededor de una mesa
        y en familia.
Ojalá los poetas fuéramos
tan amados y buscados
como los panaderos,
        que hubiera poemerías
        como hay panaderías y tortillerías
y que la gente las visitara
        y adquiriera poemas
        para usarlos como remedios
        y así cada día
                con poesía
                las penas fueran menos.

Poem Bread

translation by the author

Why are poems not like bread?
I would like everyone to
see them lying on hot trays
to be consumed without haste
and they will be accompanied with milk
around a table
and in family.
I wish the poets were
so loved and wanted
like bakers,
that there were poem stores
as there are bakeries and tortilla stores
and that people will visit them
and acquire poems
to use as remedies
and so every day
with poetry
the sorrow would be less.

Nochectario

Nos mora el cielo endianado
y los nochectos grillan
                    sus patarritas.

Vámonos al dormiguero
para orugarnos en el mantullo
                    de tu camantis.

Lluéveme de libésulos,
            salpícame tus cariposias,
                    cocúyame con tus risiérnagas
hasta que gusueñes
            sin lagrimoscas,
con una sonrispa
            en tu bocatarina.

Yo te espantaré los malquitos
      mientras trabejo garabañando
                        estos escaraversos
antes de que llegue el sol nochecticida.

Nightarium

translation by Juan Cristóbal Álvarez

Dianandous dusk draws upon us,
and eveninsects cricket
their chirpegs.

Let's go nest
and slumberpillar in the
swarmth of your cotcoon.

Pelt me with peckbees,
spray me your spatterflies
and Jentle jitterhugs
until you slamber
and nothing bugs you,
snailing with
your ladylips.

I'll keep the gloomwings away
as I beetle down
these scaraberses
before the resticide dawn.

Antonio León

Cine Mexicano

1.

hemos sido integrantes
del primer frente católico drag queen
en la industria fílmica
de este país
desde que vinieron los aliens
a instaurar un régimen esclavista
pero ustedes son estúpidos
y primero han descubierto
que nacimos hombres

2.

tengo desintereses
en formación de v
pequeños trozos de miseria
en el piso -algunos crecen
robustos e imperialistas
aparecen al final
incluso cuando las butacas se han puesto de pie
para largarse

3.

dije en una reunión
que la película era horrible
como el lazo blanco de hierro
que sostiene al dios tláloc por la espalda
en el museo de antropología

4.

dije de los actores
que no parecían menonitas reales
que en una escuela de actuación
tendrían que gesticular hacia el cielo
siendo personas rubias

Mexican Cinema

translation by Iliana Hernández Partida

1.

we have been part
of the first Catholic drag queen front
in the film industry
of this country
ever since aliens came
to establish a slave regime
but you guys are stupid
and discovered first
that we were born men

2.

my detachments:
in v formation
little scraps of misery
in the floor- some grow
robust and imperialist
they appear in the end
even when the cinema seats have stood up
to walk off

3.

I said in a meeting
that the movie was horrible
like the white iron tie
that holds the god Tláloc by the back
at the museum of anthropology

4.

I said about the actors
that they didn't seem like real Mennonites
that in acting school
they'd have to gesticulate towards the sky
as being blonde people

5.

también dije que no vi la película
y un estudiante de cine me gritó
:
¿cómo es posible que hables de un entramado de luces
sin conocerlo?
:
le recordé que hablar desde la ignorancia
es lo más sencillo—y comenzó a llover

6.

ahora bien
:
leí varios cuentos y son mejores que el cine
las historias se forman arriba
con los cerdos rosas de la migraña
en lugar de actores

los cuentos son mejores
que los dioses de piedra

pero a los cuentos no puedes tirarlos al piso
y usar los guijarros para un linchamiento

5.

I also said I didn't watch the movie
and a film student yelled at me
:
how is it possible that you talk about a framework of lights
without knowing it?
:
I reminded him that speaking from ignorance
is the easiest thing—and it began to rain

6.

with that said
:
I read many short stories and they're better than films
the stories take shape above
with the pink pigs of the migraine
instead of actors

short stories are better
than stone gods

but you can't throw short stories on the ground
and use pebbles for lynching

Poeta Carnívore

Tardo crepúsculo
rumores
rubores
rodean
ocultan la búsqueda

Sílabas-dedos
manos-palabras
caricias-estribillo riman besos
en ojos boquiabiertos

Este ocaso gradual reverberas amor:
los murmullos delatan
los suspiros evocan

¡Cánticos volcánicos el alma exige!
¡Requiere lesionar el corazón!
¡Hundirse púas en la piel!
¡Ser hoguera
sustancia
límite!
¡Habitar el crujido de la respiración!

Anochecer de siempre
hoy
atrapas gritos
ecos-sangre que volverán a ti
multiplicados por mil veces

Esta tarde
esta hora
tu espíritu embotado indaga por su cuerpo
para saber que existe
en espera de otra. . .
y otras vidas

Carnivorous poet

translation by Laura Jáuregui Murueta

Late twilight
rumors
        blushes
surround
and hide the search

Syllables-fingers
                hands-words
caresses-songs rhyme kisses
in gaping eyes

This gradual twilight reverberates love:
murmurs betray
sighs evoke

Volcanic chants the soul demands!
It requires injuring the heart!
Sink spikes into the skin!
Be bonfire
                substance
                        limit!
Inhabiting the crackle of breath!

Dusk of always
                        today
you catch screams
blood-echoes that will return to you
multiplied by a thousand times

This afternoon
        this hour
your muddled spirit inquires about her body
to know that it exists
waiting for another. . .
                    and other lives

Chip

I

He buscado el rostro en el espejo.
No tenía nariz, ni boca.
Los ojos, también, formaban parte del abismo.

II

Mi cuello está rígido.
Demasiadas estaciones mirando hacia el otro costado.
Mirando hacia la televisión y el móvil.
Hacia los escaparates con vestidos de flores.

III

Ya sé dónde descansa mi cuerpo.
Mis ojos son el alimento de las alimañas.
Mi boca dijo la palabra "Mamá" antes de ser lluvia.

IV

La casa ha sido quemada. La cocina vencida.
Los sanitarios violados.
¿Acaso nuestros cuerpos no son el hogar?

V

Sé que existe una realidad de facciones
mientras devoro este filete en "Sunset Boulevard".
Y un chip, como un caramelo
en manos del pederasta
que tiene el sabor de la sangre.

Chip

translation by the author

I

I looked for the face in the mirror.
It had no nose, no mouth.
The eyes, too, were part of the abyss.

II

My neck is stiff.
I look the other way too much of the time.
I watch TV and cell phone.
I look at the shop windows with flower dresses.

III

I know where my body rests.
My eyes are vermin's food.
My mouth said the word "Mama" before it was rain.

IV

The house has been burned. The kitchen defeated.
The toilets violated.
Are our bodies not home?

V

I know there is a reality of factions
as I devour this steak on Sunset Boulevard.
And a chip, like a candy
in the hands of the pedophile
that tastes like blood.

No mataremos

Rosa venus
sí
Rosáceo
Rosaritos
Rosario rosáceo
Rosa rosaria rosa venus
sí.
Herr Wittgenstein
tardas mucho en encontrar su bestia
sí
rosaritos rosáceos rosa venus dentados
Herr Wittgenstein
mi forma de vida
es pobre y
es blanda y
es muda y
no puedo
atestiguar.
El dolor es dolor
hasta que introduces
mi dolor.
Herr Wittgenstein, atestíguame.
Los huesos rosa venus en rosario dentado
son inútiles
en el lenguaje
su dolor no es mi dolor.
Tengo rosas en los dientes de-
Herr Wittgenstein,
no puedo más
no puedo más.

A short poem about killing

translation by the author

rose tinted
yes
rose like
rosebud
rose like rosebud
rose tinted rose like rosebud
yes.
Mr. Wittgenstein
would you find its beast already?
yes
rose like rose tinted teethed rosebud
Mr. Wittgenstein
my lebensform
is too meek to
too limp to
too wordsheded
to
witness.
Pain is pain
unless you introduce
my pain to the mixture.
Mr. Wittgenstein, witness me.
Tinted rose teethed rosebud bones
are powerless
in language
their pain is not my pain.
I have roses in the teeth of my-
Mr. Wittgenstein,
this will not do
this will not do.

Credo

creo en la comunión del Espíritu Santo y el bosón de Higgs
creo en el hiperespacio y en la purificación de las arrugas
creo en la rinoplastia de la Vía Láctea
creo en la inmaculada concepción
de la lagartija cola de látigo
creo en la soledad de los números irracionales
creo en el priapismo de los pterodáctilos cuando me besas
creo en la transpuesta de la matriz en ojos telaraña
y boca santa
creo en la liposucción del Nuevo Testamento
creo en la juventud de la máquina de *Turing*
creo en el *Mycobacterium tuberculosis*
creo en el sexo sin sexo y sin látex
creo en monjes que hacen hábito del hábito
creo en el perfume de los polinomios con raíces complejas
creo en el semen del huracán
creo en aquella noche en aquel relámpago
en aquel boquear
creo sin creer en mí (y de tal manera creo)
que creo porque no creo

Credo

translation by Olga García

I believe in the communion of the Holy Spirit
and Higgs boson
I believe in hyperspace and in the purification of wrinkles
I believe in the rhinoplasty of the Milky Way
I believe in the immaculate conception
of the whiptail lizard
I believe in the loneliness of irrational numbers
I believe in the priapism of pterodactyls when you kiss me
I believe in the transpose of a matrix in spider web eyes
and holy mouth
I believe in the liposuction of the New Testament
I believe in the youth of the Turing machine
I believe in *Mycobacterium tuberculosis*
I believe in sex without sex and without latex
I believe in monks that make a habit of habit
I believe in the perfume of polynomials with complex roots
I believe in the hurricane's semen
I believe in that night   in that thunder   in that gasp
I believe without believing in me (in such a way I believe)
that I believe because I don't believe

Pedro Mena Bermúdez

Aún los reumas no son la comidilla

Sigo vivo
pese a mi extrema delgadez
a ese intento oscuro por desaparecer

ya van notándose ciertas grietas en mi cara
ya brotó la primera cana en el bigote
los indicios de calvicie
no me han orillado a comprar ungüentos
o milagrosos shampoos / hay
creo / cabellera para rato

cada vez me inclino más por los zapatos de cuero
mi madre opina que es una señal de vejez
aunque ella siempre me ha dicho
que tengo cara de niño con incrustaciones de anciano

me muevo con la torpeza de quien lee libros
y piensa mucho en tonterías
en ridículos inexistentes
en risas idiotas jamás asomadas
me muevo de esta manera / que quede claro
aún los reumas no son la comidilla
de mis músculos y huesos
eso lo celebro
dado que no he sido amable con mi cuerpo

sigo soltero
con intermitentes enamoramientos jamás confesados

le dije a una de mis tías
hará ya casi un par de años
cuando me preguntó sobre mis planes de éxito
que yo deseaba contemplar un árbol
notar su respiración
conocer el lenguaje de los vientos
la alegría de las nubes
el reposo de un batracio frente al estanque
la vida sexual del cielo

sigo comulgando aún con eso

Rheumatism isn't yet the talk

translation by Galia Monzón

I'm still alive
in spite of my extreme thinness
of that obscure attempt to disappear

some lines have shown on my face
the first gray hair has sprouted on my moustache
hints of baldness
haven't pushed me to buy ointments
or miracle shampoos / there's
I believe / hair left for a long time

I'm becoming more inclined to leather shoes
my mother says it's a signal of aging
although she has always told me
that I have a child's face with agedness incrusted in it

I move with the clumsiness of one who reads books
and thinks in a lot of nonsense
in non-existing ridicules
in idiotic laughter that never peeps out
I move this way / just to be clear
rheumatism isn't yet the talk
of my muscles and bones
I welcome that
even though I haven't been kind to my body

I'm still single
with intermittent and never confessed crushes

I told one of my aunts
almost a couple of years ago
when she asked me about my success plans
that I wished to contemplate a tree
notice its breathing
learn the wind's language
the cloud's joy
the batrachian's stillness in front of the pond
the sky's sex life

I'm still communing with that

Aída Méndez

Flotando en azul

La luz del sol me hace desaparecer// abandonar el sueño donde existo//
bebo café// cierro los ojos// escucho el noticiero// mil espadas me descuartizan el ánimo.
A ciegas voy levantando explosivos en este campo minado.
Existen días en que no despego los párpado// mis ojos marrones se quedan pegados a la almohada //
el ventilador me impulsa // soy polvo// vuelo como esporas de una flor seca de diente de león.
Después de las doce del día//
paso una jerga por el piso hasta dejarlo brillante// lo mismo con los platos y sartenes//
los friego hasta lograr ver mi imagen reflejada en el acero inoxidable de una cacerola//
mi respiración es tan mansa que nadie me nota// se escucha más la voz estridente de un *youtuber* que sale de IPad de mi hija que mis quejas.
A mi paso dejo aromas a lavanda en el baño// en la cocina y las habitaciones//
por la tarde aún con los ojos cerrados//
sé distinguir una cebolla de un ajo// picar verduras de manera uniforme//
salpimentar el salmón// cocinar la pasta al dente// y enfriar el vino blanco,
sin mirar sé diferenciar un Chardonnay de un Chenin Blanc// el cilantro del perejil//
un tenedor de una cuchara.
Todos los días sin falta mis manos juegan con la espuma// que no es del mar// no trae el rumor de las olas// pero arrasa con la grasa.
Acompañada de la melodía de ninfas que se expande y palpita en mis brazos// (flower Duet de Leo Delibes) soy la reina de la casa// dicen mis hijos y mi esposo que soy la mujer perfecta// sonrío y asiento.
Con el anochecer entra por la ventana el ultimo crascitar de los cuervos que van de regreso a su refugio // el sol bosteza// venus despampanante adorna el azul mas azul de firmamento.
busco un sueño donde existir //
Buenas noches// un día más donde no se escuchan mis gritos.

Floating over blue

translation by Omar Campos

The sunlight makes me fade away// abandon the dream where I exist
I drink coffee//I close my eyes// I listen to the news//A thousand swords tear apart my mind-courage-mood
Blindly I am picking up explosives from this mined field.
There are days when I don't separate my eyelids//my brown eyes stay glued to the pillow//
The fan gives me drive//I am dust// I fly away like the spores of a dry dandelion flower.
After 12 of noon//
I sweep the floor with jargon until it shines//the same goes for plates and pans
I wash them until I see my reflection on the stainless steel of one of the pans//
my breathing is so mild, nobody notices me//the loud voice of a *youtuber* in my daughter's iPad it's easier to hear than my own wailing.
I leave a lavender scent behind me in the restroom//in the kitchen and the rooms//
In the evening, still with closed eyes//
I can tell an onion from a garlic//I can chop vegetables in a uniform way//
Season the salon//cook the past at its best taste//and cool the white wine,
Without seeing I can tell a Chardonnay from a Chenin Blanc//the cilantro from the parsley/
A fork from a spoon.
Every day without exception my hands play with the lather//not with the surf of the ocean//It doesn't bring the whisper of the waves//but it takes off the grease.
Accompanied by the melody of the nymphs that expends and beats on my arms//(flower Duet from Leo Delibes) I am the queen of the house//my children and my husband say that I am the perfect woman//I smile and assent.
With the dusk the last squawk of the crows that go back to the rcfugc comes through the window//the sun yawns/ a stunning Venus embellishes the most blue of the skies.
I look for a dream where I can exist.
Good night/another day when my screams are not heard.

Alec M. Montero

Pirolatria *(o el esbozo de una nave nodriza)*

Un nido es una estructura inflamable.
Un sintagma que admite todas las combinaciones
encabezadas por el fuego.
Basta con que haya cabezas capaces de evocar
la forma del cerillo
en las cercanías,
que abunde elemento catalizador en el aire;
si ves el humo.
Como hacen ciertas aves cada quinto día en noviembre,
destruyen el propio nido justo antes de cambiar su
residencia.
Subrepticio ritual perfeccionado gracias a la obra
de pájaros kamikaze
que descienden en picada con una rama calcinante
en el pico;
si hueles el humo.
No robado a diferencia del nuestro,
con el tiempo se han instruido para manipular las llamas,
para concentrarlas hasta una mínima chispa que va
en el núcleo del lecho;
aves recursivas lo anidan para evitar que se vuelva carbón
o diamante.
La madera de los nodos flexibles en un vórtice
sugiere el juego de esqueletos cantores cuyas raíces
se descomponen en el piso firme;
con las plumas en el horno
el piloto suicida aprende a desapegarse de la materia
—dicen que algunos llevan espejo.
Otros pájaros fumadores son descuidados
e incendian todo el bosque por accidente
por venganza,
si sientes el humo en la boca.

Pyrolatria (or the outline of a mothership)

translation by the author

A nest is a flammable structure.
A syntagm that works with all the combinations
headed by fire.
Let there be a head capable of evoking
the shape of the match
in the surroundings,
abundant catalyst element in the air;
if you see the smoke.
As certain birds do every fifth day in November,
destroying their own nest just before
changing their residence.
Surreptitious ritual perfected thanks to the work
of kamikaze birds
who swoop down with a flaming branch in their beaks;
if you smell the smoke.
Not stolen unlike ours,
over time they have learned to manipulate the flames,
to condense them down to a minimal spark
placed in the nucleus of their home;
recursive birds nest it to prevent it from becoming carbon
or diamond.
Wood of the flexible nodes in a vortex
suggests the game of singing skeletons
whose roots decompose
on the firm ground;
with his feathers in the oven
the suicidal pilot learns to detach himself from matter
—it is said that some hold a mirror.
Other smoking birds are negligent
and set fire to the whole forest by accident
by revenge,
if you feel the smoke in your mouth.

Mónica Morales Rocha

Oración a la memoria

Llévate las tardes vanas
aquellas
de angustia y desencanto
llévate los besos
que no llegaron
el silencio
llévate el llanto.
Llévate cada yerro
cada equivocada
idea
—ilusión estéril—
llévatela.

Déjame la sonrisa
de los mejores años
el ocaso dorado del Pacífico
las estrellas vivas en mi desierto peninsular.
Déjame la cocina de mi abuela
los veranos en bicicleta
las fiestas con mi sangre
la infancia
déjamelas.

Déjame
memoria
a los amigos.

Y cuando todo se haya ido:
déjame
música y palabra
música y palabra

para recordarlo todo.

Prayer to the memory

translation by the author

Take away the vain afternoons
those
of distress and disenchantment
take away the kisses
that did not arrive
the silence
take away the crying.
Take away every mistake
every wrong
idea
—the sterile illusions—
take them away.

Let me keep the smile
of the good days
the golden sunset of the Pacific
the living stars on my desert peninsula.
Leave me my grandmother's kitchen
my summers riding a bike
the parties with my blood
my childhood
leave them to me.

Memory:
let me keep my friends.

And when it's all gone:
let me keep
music and words
music and words

to remember everything.

Vicky Nizri

A cuestas

mi padre es azul
celeste
ha encalado el mar
hoy escribo
en un añil
líquido
el azul de mi padre
pelágico mar
sucede
en mi mente
de afuera
soy la obra
de la obra
El Popo y el Itztla
también suceden
se internan
por las ventanas
queda
su rastro
transparente
En casa de Lucía
tragaluces
sin luz
herrumbran
sus sintéticas
plantas
penuria de sol y agua
A cuestas
el Pedregal
su vidrio zarco

Bearing

translation by Daniel Mayer

my father
celestial blue
has etched the sea
today I write
in a liquid
indigo
my father's blue
pelagic sea
occurs
in my outside
mind
I am the work
of the work
the Popo and the Ixtla
occur as well
they trickle
through the windows
their transparent
trail
remains
At Lucia's house
lightless skylights
blight
synthetic
plants
lacking sun and water
Bearing
the Pedregal
its azure glass

Liliana Núñez

El hechizo de los homópteros

Mi abuela me dijo
antes de perder la vista:
"las cigarras humedecen memorias de verano
su llamado revive a seres insólitos".
Ahora
enciendo una vela;
les muestro el camino
detrás del armario.
No cantan: estridulan.
En su abdomen suena
el llanto de un olmo.
Bajo mis pupilas
guardo un talismán:
el repelente
para malos presagios.
Después de todo
somos nuestros temores:
el rechinido justo al oscurecer.

The spell of the homopterans

translation by Imelda Ramírez Chávez

My grandmother told me
before losing her sight:
"the cicadas dampen summer´s memories,
their call revives unusual beings".
Now
I light up a candle;
I show them the way
behind the wardrobe.
They don't sing: they stridulate.
In their abdomen sounds
the weeping of an elm tree.
Under my pupils
I keep a talisman:
the repellent
for bad omens.
After all
we are our own fears:
the squeak right at dusk.

Jorge Ortega

Vitral

Cómo decir los colores
que aún no tienen nombre,
los matices inéditos
que el sol funde y olvida
en tus ojos atentos.

Contemplas lo inmutable con azoro;
no es la medalla fiel de la rutina
o el gusto de saber lo que posees
otra vez donde mismo, no la ciencia
de mirar distinto
lo que no cambia ni se desplaza.

Es lo de afuera, lo que no está en ti,
el lienzo mineral erguido a solas
en la gruta polar de la penumbra;
lo que no ostentas,
aquello que se ofrece de otro modo
y hace la diferencia
embriagando la espera
de interrogación y maravilla.

Renuncia al paradigma
y conserva su lustre,
la piel de las variantes.

El vitral
seguirá ahí, pero el fulgor no siempre
volverá de igual suerte a atravesarlo
para imprimir en la retina
un firmamento de nuevos esmaltes
que no podrás nombrar.

Stained Glass

translation by Johnny Payne

How to speak colors
that don't yet have a name,
shades unwritten
the ones sun melts and forgets
in your rapt eyes.

Consider the immutable with alarm;
it's not the true medallion of routine
or the pleasure of knowing what you possess
again in the same place, not the science
of looking anew
at what neither changes nor gets offset.

It's what's outside, what's not in you,
the mineral canvas that builds itself
in the polar grotto of gloom;
the one you don't show off,
what gets offered another way
and makes a difference
besotting the wait
for questions and wonder.

Renounce the paradigm
and preserve its luster,
the versions of its skin.

Stained glass
will remain, but its glow won't always
return with the same chance of crossing paths
to impress on the retina
a firmament of new varnish
that you'll never name.

Cumpleaños

Esta mañana salí en bicicleta.
Al menos en ese momento fue sencillo pensar
                                                qué agradable
día en los árboles y pocas cosas más.
El problema fue que de inmediato me llegaron a la mente
algunos poemas
de Bertoni.
Cuántas piedras tiene una ermita.
Y la relación entre geografía
                              y esos bichitos de lomo naranja
que tarde o temprano acaban panza arriba.

Birthday

translation by Christopher Rey Pérez

This morning I went out on my bicycle.
At least then it was easy thinking what an enjoyable
day among the trees and not much else.
The problem was that a few poems
by Bertoni
immediately came to mind.
How many stones a hermitage has.
And the relation between geography
                    and those little bugs with orange backs
that sooner or later end up belly-up.

11.

Llené la caja de la troka de don Marcos con hielo y cerveza
tipo de cambio: 7.80 x 1   1560 pesos de poder etílico-
adquisitivo

fiesta en el taller de sol a sol

en esos tiempos trabajaba soldando barcos
de guerra en San Diego
Toyota rojo: calca de Guevara en el tanque
de la gasolina
el migra: you like chei?
Where to?
yes   to work   at the shipyards
cuando me hice gringo
el migra me preguntó   por qué lo hacía
ganaría más dólares en el USS Enterprise nuclear carrier
había perdido mi mica y no podía regresar a Tijuana
you know Tijuana is a place one can miss

no me hizo jurar nada
don Marcos ya lo había hecho por mí
terminó su trayecto de Tecolotlán al Norte
al pedir a su hijo como ciudadano
al dejarme en City College
con 50 dólares para mis libros de Chicano Studies

cuando me hice gringo era joven y estúpido
pero nunca me tatué al che
me llegó el remplazo de la mica y la vendí en 200 dólares

ahora entiendo mejor las cosas
he madurado   doy clases de arte y de lengua
sigo haciendo fiestas baratas
cuando me preguntan al cruzar la línea:
what do you do for a living?
respondo:
I build destroyers.

11.

translation by the author

I filled don Marcos' truck with beer and ice
exchange rate: 7.80 x 1   1560 pesos of alcohol-
purchasing power

party in the shop from sunset to sunrise

back then I used to work welding war ships
in San Diego
red Toyota sticker of Guevara on the gas tank
the migra: you like che?
Where to?
yes   to work   at the shipyards

when I became a gringo
the officer asked why I did it
I would make more dollars on the USS Enterprise
nuclear carrier
I had lost my greencard and couldn't return to Tijuana
you know Tijuana is a place one can miss

he didn't make me swear anything
don Marcos had already done that for me
he had finished his journey North from Tecolotl n
by requesting that his son become a citizen
by dropping me off at City College
with 50 bucks for my Chicano Studies books

when I became gringo I was young and stupid
but I never got a tattoo of el Che
the greencard replacement arrived
and I sold it for 200 bucks

now I understand things better
I have matured   I teach art and Spanish classes
I still throw cheap parties
When I cross the border they ask me:
what do you do for a living?
I respond:
I build destroyers.

Fernando Trejo

La Torre de Lego

(fragmento)

a Flor Zambrano

Algunas tardes, aburridos ya de uno mismo,
cada quien con su cada pensamiento, acostados,
sobre la misma cama pero en otro sitio,
queriéndonos rozar la piel, amándonos un poco de mentira
yo le decía que me ayudara a acomodar los libros;
y empezábamos de nuevo a desbaratar
el librero hecho de rejas de tomate.
Yo sabía que lo hacía por compromiso
pero más podía el amor que el tedio de la autonomía.
Iniciábamos por la poesía chiapaneca,
Bartolomé va antes que Garduño. Sabines después
de Robles Sasso. Y ella, no ajena a esos nombres,
sólo se empeñaba en limpiar bien la portadilla,
en apilar los libros como torres de Lego. Era una niña
sentadita y bien portada. Yo la miraba y quería
hacerle el amor entre los libros, pero el tedio.
Flaubert cerca de Bécquer desprendía algunas hojas
y yo aprovechaba para repetirle que Vallejo
era de mis favoritos, para ver si en una de esas me decía:
"léeme algo", "dime una frase bonita,
de las que se entiendan,
de las que no me aburran". Pero le miraba los ojos
y parecía que estaban viendo otro camino
y otra historia. Ya ella no estaba ahí apilando libros
como la torre de Lego. Ella estaba quién sabe en qué lugar.
Pero llegaba una hora en que los dos,
(aburridos ya de uno mismo,
de estorbarnos en la cama, de acomodar las rejas
y los libros),
de pronto nos besábamos. Y entonces entendía
que era válida la espera. Porque sus besos
de bibliotecología
me hacían amarla una vez más.

The Tower of Legos

(fragment)

translation by Manuel Iris

to Flor Zambrano

Some afternoons, bored of ourselves,
each with our every thought, lying down
on the same bed, but in another place,
wanting to touch each other's skin, loving each other
as if we were pretending—a little—to do it,
I asked her to help me put the books away;
and we began again to disrupt
the bookcase made of wooden tomato crates.
I knew she was doing it because she felt obligated
but love was more powerful
                    than the boredom of autonomy.
We started with the poetry from Chiapas,
Bartolomé has to go before Garduño. Sabines after
Robles Sasso. And she, not a stranger to those names,
insisted on cleaning the covers,
in stacking the books like a tower of Legos. She was
well behaved girl, sitting down. I looked at her and wanted
make love to her between the books, but the boredom.
Flaubert shed some of its pages near Bécquer
and I took the opportunity to tell her again that Vallejo
was one of my favorites, hoping she would say:
"Read something to me," "tell me a nice phrase,
                    one of those that can be understood,
the kind that don't bore me." But I was looking
                                        into her eyes
and they seemed to be staring at another path,
another story. She was no longer there, stacking books
like a tower of Legos. She was who knows where.
But the time came when we (already bored of ourselves,
of getting in the way of each other in bed,
                              of staking crates and books),
suddenly we were kissing. And then I understood
that the wait was valid. Because her librarian kisses
made me love her one more time.

Enzia Verduchi

Groenlandia

[1]

En los días recientes he pensado en Groenlandia. En los inuit y su lengua, trato inútilmente de pronunciar sus nombres. Leí que las distancias en Groenlandia se miden en *sinik*, en "sueños", en el número de pernoctas que dura un viaje.
...por momentos, recuerdo la blancura de Nuuk, como si se pudiera añorar lo que no se conoce.

[2]

¿Y si Groenlandia no existe?, ¿si en realidad es un sueño?, ¿un pensamiento bajo cero para recordar la alquimia del agua? Entonces, ¿existo o soy parte del hielo?

[3]

Todas las respuestas están en el hielo, en las vetas del hielo. Eres tan lejana, Groenlandia, dilatada como la noche. Flotas inabarcable y lenta hacia los polos ocultando tus misterios. ¿Qué existe debajo de tu estado sólido, del silencio compacto, de la densidad más ligera que el agua?
Muero en el ardor de tu abrazo, en el deseo helado de tu caricia. Muero de ti / sin ti.

[4]

Extraño lo que desconozco y no sé dónde encontrarlo. Las referencias geográficas no me son suficientes, Groenlandia. Si yo pudiera tenerte, asirte, pero tu esencia inasible pesa más que mi nostalgia. Te desvaneces aún sin conocerte.

[5]

Tu nombre es un continente. *Kalaallit Nunaat / Grønland*. Tu nombre es una herida, una elipsis. Una isla entre el Atlántico y el Ártico. Tu nombre es el deseo, el olvido. Es la tundra, la corriente del Labrador. Tu nombre es un destello en la nieve. La bahía de Baffin y el estrecho de Davis. Tu nombre, arde.

Greenland

translation by Ignacio Madrazo

[1]

In recent days I have been thinking about Greenland. About the Innuit and their tongue, about my useless attempt to pronounce their names. I once read that distances in Greenland are measured in sinik, in "dreams," in the number of overnight stays along a journey....At times I remember the whiteness of Nuuk, as if it was possible to long for that which is unknown.

[2]

What if Greenland doesn't exist? What if it is really a dream? A frozen thought to remember the alchemy of water? Then, do I exist or am I part of the ice?

[3]

All answers are in the ice, in the veins of the ice. You are so distant, Greenland, vast like the night. You float, immeasurable and slow, towards the poles, hiding your mysteries.
What exists under your solid state, under the compact silence, under the density which is lighter than water?
I die in the fire of your embrace, in the frozen desire of your caress.
I die of you / without you.

[4]

I long for what is unknown to me, and I don't know where to find it. Geographic references are not sufficient, Greenland. If I could have you, hold you, but your unattainable essence weighs more than my nostalgia. You vanish before I can perceive you.

[5]

Your name is a continent. Kalaallit Nunaat / Grønland. Your name is a wound, an ellipsis. An island between the Atlantic and the Arctic. Your name is desire, it is oblivion. It is the Tundra, the Labrador current. Your name is a spark in the snow. Baffin Bay and the Davis strait. Your name burns.

Karen Villeda

Constantinopla

(fragmentos)

Flavio Valerio Aurelio Constantino
Estaba naciendo en un momento preciso:
El astrágalo de una columna corintia se sacudía con los pasos del Restaurador del Este y las hojas de acanto soplaban con tanta,
Tantísima fuerza que se confundían con el aliento de un nabateo a punto de morir, ese que alzaba sus plegarias a un toro joven llamado Baal y no dejaba de mirar, con pena y amor, a su reina Zenobia y no dejaba de mirar tampoco, con pena y disgusto, a Vabalato, el joven desobediente que los llevó a la perdición.
El oro se caía de la columna corintia y Palmira se caía también mientras
Flavio Valerio Aurelio Constantino
Estaba naciendo sobre el río Nišava, una de esas pocas gotas saladas que se vierten en el Mar Negro, la abundancia de agua más apesadumbrada que hemos visto en nuestra vida, cautiva de los Dardanelos y del Bósforo.
Y él, con dolor y sus cadenas,
no se alegraba de casi nada,
Casi nada más que con el desengaño de aquellos que vivían en Batumi, los que se sabían más débiles que él y no podían bañarse en el puerto de profundísimas aguas.
Eran ellos, los que nacieron para ahogarse, y era él, quien tenía cuatro nombres.
Por eso, por sus cuatro nombres, Flavio Valerio Aurelio Constantino era también una gota de agua salada que estaba naciendo a los casi tres siglos de nuestra era para gobernar sobre los que se ahogarían.

Constantinople

(fragments)

translation by John Z. Komurki

Flavio Valerio Aurelio Constantine
Was being born in a precise moment:
The astragal of a Corinthian column was shaking with every step of the Restorer of the East and the acanthus leaves were blowing with so,
So much force that they mingled with the breath of one Nabatean about to die, the one that lifted his prayers to a young bull named Baal and could not stop looking, with pity and love, to his queen Zenobia and could not stop looking either, with shame and disgust to Vabalathus, the disobedient young man that led them to destruction.
The gold fell from the Corinthian column and
Palmira also fell while
Flavio Valerio Aurelio Constantine
Was being born over the Nišava River, one of the few salty drops that drain into the Black Sea, the saddest abundance of water that we have seen in our lives, captive of the Dardanelles and the
Bosphorus.
And he, pained and with chains, was not pleased of almost nothing,

Almost nothing but the disillusion of those living in Batumi, which knew they were weaker than him and could not swim in the port of deepest waters.
They were, those who born to drown, and he was, who had four names.
Hence, because of all their four names, Flavio Valerio Aurelio Constantine was also a drop of salt water that was being born at the nearly three centuries of our era to rule over those who would drown.

Flavio Valerio Aurelio Constantino

Estaba naciendo como hijo de Constancio Cloro, el que castigó a los pictos, y de Elena, heredera de la servidumbre, nacida también entre molinos de sal como su retoño.

—Salinas están todas las almas nacidas aquí desde los fenicios del Levante mediterráneo—.

Y, hoy por hoy, Elena es una santa, cubierto su manto de albahaca en Andalucía y festejada en la Romería de las Cruces al conmemorarla a el 21 de mayo o el 18 de agosto, cuando nos fuimos de aquí pensando que ese día,

Ese día caminamos con la cabeza gacha en Constantinopla como lo hicieron Zenobia y Vabalato en Roma mientras

Flavio Valerio Aurelio Constantino,

Estaba naciendo.

Flavio Valerio Aurelio Constantine

Was being born as the son of Constantine Chlorus, the one who punished the Picts, and Helena, heiress of serfdoom, also born between salt mills as her tot.

—Saline are all souls born here from the
Phoenicians of the Levant—.

And today, Elena is a saint, her cloak covered with basil in Andalusia and celebrated in the Romería of Crosses to commemorate her on May 21 or August 18, when we went here thinking of that day,

That day we walked, crestfallen, in
Constantinople as Zenobia and Vabalathus
did in Rome while

Flavius Valerius Aurelius Constantine

Was being born.

Ernestina Yépiz

El Poema

Cualquiera sabe
que un poema se escribe
casi como por descuido:
tal pareciera que en realidad
no quisiera escribirse
pero ahí está escribiéndose,
a veces solo y hasta sin esfuerzo
porque quien asume la tarea de escribirlo
piensa que lo hace por no dejar
y conforme mueve el lápiz
de izquierda a derecha
sobre la blanca hoja de papel,
le parece que en lugar de escribir dibuja
las letras que se vuelven sílabas; luego palabras
y enseguida líneas que terminan por ser
un conjunto de imágenes, voces, viajes, sensaciones
y con frecuencia: silencios. Entonces
quien escribe —llámese poeta— se pregunta
si los versos expuestos son por completos suyos
o los ha sustraído de alguien más, pues si bien
no le resultan del todo ajenos, tampoco del todo propios.
Es decir, no tiene ni idea en cuanto a quién es
la autora o el autor del poema escrito, pero en un acto,
no exento de vanidad, firma con su nombre al calce.

The Poem

translation by Lourdes Arenas Mazo

Anyone knows
that a poem is written
almost carelessly:
it seems that in reality
it would not want to be written
but there it is being written,
sometimes done by itself and even without effort
because who assumes the task of writing it
thinks is doing it just because
and as he or she moves the pencil
from left to right
on the white sheet of paper,
it seems to him/her that instead of writing he/she draws
the letters that become syllables, then words
and immediately lines that end up being
a set of images, voices, trips, sensations
and often: silences. Then
who writes — call him/her a poet — wonders
if the exposed verses are completely his/her own
or have been taken from someone else and even though
they are not totally foreign to him/her, and neither are they
entirely his or hers.
That is to say, he/she doesn't have an idea as to who
the author of the written poem is, but in an act,
not exempt from vanity,
he/she signs his/her name at the bottom

Poetas y Traductores
Poets and Translators

Carolina Alvarado

Poeta, documentalista y profesora. Mexicana, guatemalteca. Autora del libro, *Poemas para la revolución (*2019), y la plaqueta *Exilio de sirenas* (2012).

She is a Mexican-Guatemalan poet, documentary filmmaker, teacher and the author of *Poemas para la revolución* (2019), and the chapbook *Exilio de sirenas* (2012).

Juan Cristóbal Álvarez (Cd. de México, México)

Escritor, traductor, dibujante y músico.

He is a writer, translator, an illustrator and musician.

Lourdes Arenas Mazo

Psicoterapeuta, facilitadora y promotora del desarrollo humano.

She is a licensed psychotherapist, human development facilitator and promoter.

Karla Barajas

Publicó *Neurosis de los bichos* (La Tinta del Silencio, 2017), *Esta es mi naturaleza* (Editorial Surdavoz, 2018), *Cuentos desde la Ceiba* (La Tinta del Silencio, 2019), *Donde habitan las muñecas* (Colección Ciudadano mínimo Nro. 16, Quarks Ediciones Digitales, 2021).

She has published *Neurosis de los bichos* (La Tinta del Silencio, 2017), *Esta es mi naturaleza* (Editorial Surdavoz, 2018), *Cuentos desde la Ceiba* (La Tinta del Silencio, 2019), *Donde habitan las muñecas* (Ciudadano mínimo collection No. 16, Quarks Ediciones Digitales, 2021).

Daniel Bencomo (San Luis Potosí, México)

Es autor de los libros de poesía *La mutación de Lo en Lo, Espuma de Bulldog, Alces, Rejkyavik* y *Lugar de Residencia.* Como traductor de poesía alemana ha publicado *El poema cruza un cuerpo y no saluda* de Björn Kuhligk, *Últimas noticias de la zona aleatoria* de Ron Winkler, *La calma entre el cero y el uno* de Björn Kuhligk Y *Canon previo a la huida* de Tom Schulz.

He is the author of the poetry collection *La mutación de Lo en Lo, Espuma de Bulldog, Alces, Rejkyavik* y *Lugar de Residencia.* As a translator of German into Spanish, he has written *El poema cruza un cuerpo y no saluda* of Björn Kuhligk, *Últimas noticias de la zona aleatoria* of Ron Winkler, *La calma entre el cero y el uno* of Björn Kuhligkand and *Canon previo a la huida* of Tom Schulz.

Flor Bosco

Artista visual. Desde 2010 ha escrito cuentos y poemas como soporte para su obra plástica. Ha publicado los libros: *4 haikús, de la serie Desde el exilio*" (2017) y *Tipos de moscas* (2018).

Visual artist. In 2010, she began to write poetry and short fiction to go alongside her visual work. She is the author of *4 haikús, de la serie Desde el exilio* and *Tipos de moscas.*

Alexandra Botto (Monterrey, México)

Editora, escribe poesía, cuento. Libros publicados *Días de Viento* (2007), *Todos mis héroes* (2012). Libro en proceso de edición: *Memoriave.* Radica en Texas.

She is a poet, editor and short story writer. Her poetry work includes *Días de Viento* (2007), *Todos mis héroes* (2012) and the soon book to be published *Memoriave.* She lives in Texas.

Julie Brossy

Escritora radicada en San Diego que destacó como periodista en Hong Kong, Puerto Rico, Haiti, Tijuana y San Diego.

Julie is a San Diego-based writer and former journalist who reported from Hong Kong, Puerto Rico, Haiti, Tijuana and San Diego

Francisco J. Bustos

Poeta, traductor, y músico. Forma parte del grupo de poesía y música *Frontera Drum Fusion* que fusiona poesía bilingüe en Inglés, Español, Spanglish, e Ingleñol con música acústica, eléctrica, y digital.

He is a poet, translator, and musician. He is part of a poetry/music group *Frontera Drum Fusion* which fuses acoustic, electric, and digital music with bilingual poetry in English, Spanish, Spanglish, and Ingleñol.

Amaranta Caballero Prado (Guanajuato, México)

Publicaciones recientes: *Cólera Morbus* (2019), *Ojo avizor (*2019), *Newspaperbirds of March 2011* (2019), *Aforistas mexicanos actuales, edición de Hiram Barrios* (2019), *El tótem de la Rana* (2018), and *Lapidario,* (2015), entre otros. Actualmente realiza el proyecto interdisciplinario *Mil pájaros mil. Tesis autodoctoral.*

Her recent poetry collections: *Cólera Morbus* (2019), *Ojo avizor (*2019), *Newspaperbirds of March 2011* (2019), *Aforistas mexicanos actuales* (2019), *El tótem de la Rana* (2018), and *Lapidario,* (2015). She is currently carrying out the interdisciplinary Project *Mil pájaros mil. Tesis autodoctoral.*

José Héctor Cadena

Poeta, artista del collage y candidato al doctorado en el Departamento de Estudios Americanos en la Universidad de Kansas. Su trabajo literario ha sido publicado en Transfer Magazine, Pacific Review, La Bloga, Red Light Lit, San Diego Poetry Annual, y *Fathers, Fathering, and Fatherhood: Queer Chicano/ Mexicano Desire and Belonging.*

He is a poet, a eollage artist and a PhD Candidate in the Department of American Studies at The University of Kansas. His publications can be found in Transfer Magazine, Pacific Review, La Bloga, Red Light Lit, San Diego Poetry Annual, and *Fathers, Fathering, and Fatherhood: Queer Chicano/ Mexicano Desire and Belonging.*

Dante Cajales Meneses (Santiago, Chile)

Algunas de sus publicaciones son: *Techo de pizarreño* (1983); *Fisura* (2017); *Latido de escombros* (2019); *Respirar* (2020); *Cielo falso* (2020). Coeditó la compilación *Una invitación un poema: memoria poética de la pandemia y el estallido social* (2021).

Some of his published books are: *Techo de pizarreño* (1983); *Fisura* (2017); *Latido de escombros* (2019); *Respirar* (2020); *Cielo falso* (2020). He is co-editor of the anthology *Una invitación un poema: memoria poética de la pandemia y el estallido social* (2021).

Omar Campos

Traductor.

He is a translator.

César Cañedo

Es poeta y profesor universitario. Doctor en Letras por la UNAM. Premio Bellas Artes de Poesía Aguascalientes 2019 por su poemario *Sigo escondiéndome detrás de mis ojos*. Algunos poemas suyos han sido traducidos al inglés, francés, polaco, italiano, catalán y zapoteco.

He is a poet and university Professor. He holds a Doctorate degree from the Universidad Nacional Autónoma de México (UNAM). He won the Aguascalientes National Poetry Prize for his collection *Sigo escondiéndome detrás de mis ojos*. Some of his poems have been translated to English, French, Polish, Italian, Catalan, and Zapotec.

Elia Cárdenas Santana

Es bióloga. Autora de los libros de poesía *Creciente* (2006) y *Cabellera de romero y manzanilla* (2008).

She is a biologist and the author of the poetry books *Creciente* (2006) and *Cabellera de romero y manzanilla* (2008).

Carlos Vicente Castro (Guadalajara, México)

Es autor de *Late night show* (2021), *Salida de emergencia* (2020), *Un edificio en construcción* (2014), *Apócrifos (2015), Circo (*2012) y *Carcoma* (2006).

He is the author of *Late night show* (2021), *Salida de emergencia* (2020), *Un edificio en construcción* (2014), *Apócrifos (2015), Circo (*2012) and *Carcoma* (2006).

Don Cellini

Poeta, traductor, profesor emérito en Adrian University (Michigan) y editor de traducciones para the Ofi Press, Ciudad de México.

He is a poet and translator. He is professor emeritus at Adrian College (Michigan) and is the translation editor for the Ofi Press in Mexico City.

Ana Chig

Poeta, editora y promotora cultural. Ha publicado: *La noche sobre el rostro, La ciudad, encuentros y desencuentros* y *el libro inédito Estanques de Arena.*

She is a poet, editor, and cultural promoter.. She is the author of *La noche sobre el rostro*, *La ciudad, encuentros y desencuentros* y *el libro inédito Estanques de Arena.*

Nadia Contreras (Colima, México)

Sus libros más recientes son *Sólo sentir* (2017, Editorial Paraíso Perdido) y *La niebla crece dentro del cuerpo* (2019, Puertabierta Editores).

Her latest books are *Sólo sentir* (2017, Editorial Paraíso Perdido) and *La niebla crece dentro del cuerpo* (2019, Puertabierta Editores).

Luis Correa-Díaz

Sus poemarios son: *Americana-lcd* (2021), *metaverse* (2021), *Los Haikus de Gus* (2021 y 2020), *Maestranza de San Eugenio* (2020), *Diario de un poeta recién divorciado* (2020 y 2005), *del amor hermoso* (2019), *impresos en 3D* (2018), *clickable poem@s* (2016), *Cosmo-logical Me* (2010 y 2017), *Mester de soltería* (2008 y 2006).

Poetry books: *Americana-lcd* (2021), *metaverse* (2021), *Los Haikus de Gus* (2021 and 2020), *Maestranza de San Eugenio* (2020), *Diario de un poeta recién divorciado* (2020 and 2005), *del amor hermoso* (2019), *impresos en 3D* (2018), *clickable poem@s* (2016), *Cosmo-logical Me* (2010 and 2017), *Mester de soltería* (2008 and 2006).

Jesús Cueva Pelayo

Distinguido poeta, historiador y promotor cultural. Autor de varios libros de poesía. Editor de la antología del Taller de Literatura del Instituto Tecnológico de Tijuana.

He is a distinguished poet, historian and cultural promoter. He is the author of several poetry books, and the editor of the anhtology Taller de Literatura del Instituto Tecnológico de Tijuana.

Norberto De la Torre (México)

Obra publicada: *Ciudad por entregas, Los disfraces del dragón, La casa y otros lugares, Cicatrices y cenizas, El universo en un sombrero, Mariposas negras, El arte del tropiezo, Escríbeme una llave, Juan del Jarro, Conversaciones con el gato,* y *Las horas frágiles.*

He is the author of: *Ciudad por entregas, Los disfraces del dragón, La casa y otros lugares, Cicatrices y cenizas, El universo en un sombrero, Mariposas negras, El arte del tropiezo, Escríbeme una llave, Juan del Jarro, Conversaciones con el gato,* and *Las horas frágiles*

Emma Leticia De la Torre Galindo (San Luis Potosí, México)

Estudió la licenciatura en derecho en la Universidad del Centro de México (UCEM). Idiomas: español e inglés y estudiante de italiano y turco.

She studied Law at the Universidad del Centro de México (UCEM). She speaks Spanish and English. She is a student of the Turkish and Italian languages.

Ramón Domínguez Villalobos

Poeta. Traductor. Autor de *Qué curtidas laderas se desciende en mi cuerpo* (Universidad de Guadalajara) y *Aguas revueltas* (CECA).

He is a poet, translator and the author of *Qué curtidas laderas se desciende en mi cuerpo* (Universidad de Guadalajara) y *Aguas revueltas* (CECA).

Lorena Escudero

Ha publicado textos en antologías y revistas internacionales, y tres libros de microficción: *Negativos* (Torremozas, España, 2015), *Formulario* (La Tinta del Silencio, México, 2019) e *Incisiones* (Quarks Ediciones Digitales, Perú, 2020).

She has published texts in international anthologies and magazines, and three microfiction books: *Negativos* (Torremozas, Spain, 2015), *Formulario* (La Tinta del Silencio, Mexico, 2019) and *Incisiones* (Quarks Ediciones Digitales, Peru, 20

Romina Espinosa de los Monteros (Lima, Perú)

Poeta, pintora e intérprete (inglés/español). Autora de *El veinteno*. Radica en California.

She is a poet, painter and interpreter (English/Spanish). She is the author of *El veinteno*.

Cynthia Franco (Tijuana, México)

Poeta. Tallerista. Gestora. Host. Ha publicado *En caso de tristeza, jale la palanca* (2015) y *Hatsi* (2017) y por publicar *Dágirah*.

Poet. Workshop operator. Manager. Host. Her poetry work: *En caso de tristeza, jale la palanca* (2015) y *Hatsi* (2017) and *Dágirah* (soon to be published).

Jorge Eduardo García

Traductor. Políglota. Reside en Praga, República Checa.

Jorge is a ten-language polyglot and translator. He lives in Prague, Czech Republic.

Alfonso García Cortez (Tijuana, México)

Autor de los libros de poesía *Recuento de Viaje*, *Elegías Postergadas*, Llanterío, y *En el impuro tacto que motivas.*

He is the author of the poetry books *Recuento de Viaje*, *Elegías Postergadas*, Llanterío, and *En el impuro tacto que motivas.*

Olga Angelina García Echeverría

Vive en el Cosmos. Tambien da clases de literatura, escribe, y sueña en la ciudad de Los Ángeles.

She lives in the Cosmos. She also teaches literature, writes, and dreams in the City of Angels.

Martín García López.

Autor de la novela *X∞ (o, este maldito gato)* (Editorial Montea, 2016), del plaquette *Please be hot* (Sangre Ediciones, 2017) y del poemario *Asesinatos famosos en verso* (Sangre Ediciones feat Poetazos, 2020).

He is the author of the novel *X∞ (o, este maldito gato)* (Editorial Montea, 2016), of the chapbook *Please be hot* (Sangre Ediciones, 2017), and of the poetry book *Asesinatos famosos en verso* (Sangre Ediciones feat Poetazos, 2020).

Dana Gelinas (Monclova, México)

Poeta, editora, y traductora. Sus libros más recientes son: *Los trajes nuevos del emperador* (2011), y *Mediodía blanco* (2014).

Dana is a poet, editor and translator. Her latest books are *Los trajes nuevos del emperador* (2011), and *Mediodía blanco* (2014).

Natalia Gómez (Campeche, México)

Parte de su obra se encuentra en algunas revistas electrónicas y antologías. Forma parte del Consejo Editorial de Cracken Fanzine.

Her work can be found in online literary magazines and anthologies. She is a member at the publishing board of Cracken Fanzine.

Ignacio González Cabello (Monterrey, México).

Ex becario del Centro de Escritores (Conaculta-Conarte). Editor, corrector de estilo, diseñador instruccional y traductor. Publicaciones en Periódico de Poesía de la UNAM y en antologías nacionales.

Fellow of Centro de Escritores (Conaculta-Conarte). Editor, spell-checker, instructional designer and translator. Publications in the Periódico de Poesía de la UNAM and in national anthologies.

Gabriela Guinea (México)

Ha sido maestra, editorialista, productora de radio, conferencista, crítica de arte y curadora. Publicó el poemario *Río de Nubes*.

She has been teacher, columnist, radio producer, speaker, art critic and curator. Published the poetry book *River of Clouds*.

Iliana Hernández Partida

Traductora profesional. Estudiante de la Maestria en Lenguajes Modernos. Es autora del libro *Casa del viento* (2019).

She is a freelance registered translator, currently studying a master degree in Modern Languages. She is the author of *Casa del viento*.

Manuel Iris

Poeta Laureado Emérito de la Ciudad de Cincinnati, Ohio (2018-2020). Autor de *Cuaderno de los sueños*, *Los disfraces del fuego*, *Cincinnati historia personal* y *Lo que se irá*.

Manuel is Cincinnati's Poet Laureate (2018-20). He is the author of *Cuaderno de los sueños*, *Los disfraces del fuego*, *Cincinnati historia personal* and *Lo que se irá*.

Laura Jáuregui Murueta (Tijuana, México)

Poeta, editor, artista de movimiento, artesana. Autora del poemario *Lo que hay afuera. Visiones poéticas* (2002, Proyecto Editorial Existir, Tijuana).

Poet, editor, performance artist, craftswoman. She is the author of the poetry book *Lo que hay afuera. Visiones poéticas* (2002, Proyecto Editorial Existir, Tijuana).

Miauricio Jiménez, (Ciudad de México, México)

Fue ganador del slam Bicentenario en 2010. En 2015 publicó *El cuarto de triques*, editado por Lengua de diablo.

In 2010, he was the winner of the Bicentennial poetry slam. In 2015, his book *El cuarto de triques* was published by Lengua de diablo.

Kim Anthony Johnston (Youngstown, Ohio, EE.UU.)

Es escritor y artista plástico, ha desarrollado áreas como la cerámica y la escultura en madera, además de la pintura.

He is a writer and plastic artist, and has developed areas such as ceramic and wood sculpture, besides painting.

John Z. Komurki

Es escritor y traductor. Es fundador de Mexico City Lit.

He is a writer and translator. He is one of the founders of Mexico City Lit.

Antonio León (Ensenada, México)

Es poeta, editor y autor de los libros de poesía *Busque caballos negros en otra parte*, *:ríos*, *Consomé de Piraña*, *El Impala rojo.*y *Drowner.*

He is a poet, editor and the author of the poetry books *Busque caballos negros en otra parte*, *:ríos*, *Consomé de Piraña*, *El Impala rojo.*y *Drowner*

Gilberto Licona Martínez

Poeta, promotor cultural, editor, tallerista. Reside en Tijuana.

He is a poet, a cultural promoter, workshop writer and editor. He lives in Tijuana.

Lluïsa Lladó (Palma de Mallorca, España)

Poeta. Ha publicado *Azul-lejos*, 2013; *El bosque turquesa,* 2014; *La marquesa de seda,* Unaria Eds,; *El arca de Wislawa,* 2017 y *La complejidad de Electra*, 2020.

Poet. She is the author of *Azul-lejos*, 2013; *El bosque turquesa,* 2014; *La marquesa de seda,* Unaria Eds,; *El arca de Wislawa,* 2017 and *La complejidad de Electra*, 2020.

Esteban López Arciga

Es escritor y crítico literario de Mexicali, Baja California. Estudió literatura inglesa en la UNAM y se interesa por la literatura religiosa y la teoría literaria contemporánea. Edita la revista *Plástico* donde publica una columna mensual.

He is a writer and literary critic from Mexicali, Baja California. He studied English literature at UNAM and is particularly interested in religious literature and contemporary literary theory. He is also an editor at *Plástico*, an independent literary magazine.

enriketta luissi

Seudónimo de la editora Olga García.

She is the pseudonym of editor Olga García.

Ignacio Madrazo

Se tituló en Semiótica en la Universidad de Brown. Es cofundador de la editorial de poesía Acrono Producciones. Ha traducido poesía sus traducciones y ensayos críticos han sido publicados tanto en inglés como en español en revistas literarias.

He has a BA in Semiotics from Brown University. He cofounded Acrono Producciones, a poetry publishing company, and has translated poetry and published translations and critical essays in several magazines, both in English and in Spanish.

Daniel Mayer

Es candidato al doctorado en filosofia, profesor de liderazgo y traductor.

He is a PhD candidate in philosophy, a professor in leadership and translator.

Alexander J. McNair

Entre sus publicaciones se encuentran ediciones del *Romancero viejo* (2006) y *Poema del Cid* (2008). Acaba de terminar una edición bilingüe de *Villancicos profanos: canciones populares y fragmentos líricos del Renacimiento español*.

His publications include editions of old Spanish ballads, *Romancero viejo* (2006), and the epic *Poem of El Cid* (2008). He has just completed a bilingual edition of *Secular Villancicos: folksongs and lyric fragments from the Spanish Renaissance*.

Pedro Mena Bermúdez (León, México)

Ha publicado los libros*: Pútrida voz, The City, ICL, Unheim-lich,Tizne, ICL, 2017; Heráclito,; Vicios anotados (Ensayos), Marginalia Editores, Chile, 2019; Demócrito, 2020 y Los colores del diablo (Ensayos), E1 Ediciones, 2021.*

He is the author of: *Pútrida voz, Heráclito,; Vicios anotados (Essays),; Demócrito, 2020* and *Los colores del diablo (Essays).*

Aída Méndez

Es fundadora responsable del Proyecto Binacional Literario Acanto y Laurel (2005). Ha publicado en varias antologías de poesía y Haikú. Es autora del libro para niños *Las Nubes y Una Flor*. Fundadora del taller de literatura libre, La Maquina de Escribir.

Aída is the Founder of the Acanto y Laurel Literary Binational Project (2005). Her work has been published in several poetry and haiku anthologies. She is the author of the children's book *Las Nubes y Una Flor* .

Alan Mendoza Sosa

Estudió literatura comparada en español e inglés. Se graduó de la licenciatura en Brown University y de la maestría en Cambridge. Actualmente escribe para la revista literaria internacional *Asymptote*, en donde es editor general de México.

He studied Comparative Literature in Spanish and English. He holds a BA degree from Brown University and an MPhil from Cambridge. Currently, he writes for the international literary journal *Asymptote*, where he is Editor-at-Large for Mexico.

Alec M. Montero (Guanajuato, México)

Es autor de poemas, ensayos y ficciones. Estudió la Licenciatura en Letras Españolas, así como el Diplomado en Traducción en la Universidad de Guanajuato.

He has written poems, essays, and fiction stories. He studied a bachelor's degree in Hispanic Language and Literature, as well as a Diploma in Translation at the University of Guanajuato.

Galia Monzón (León, México)

Participó en el Taller de Traducción de Poesía impartido por Petronella Zetterlund en la primera edición del Festival Internacional de Literatura.

She attended the Poetry Translation Workshop guided by Petronella Zetterlund at the first edition of the International Literature Festival.

Mónica Morales Rocha

Escritora, docente y mamá. Autora de los poemarios *Letras Des-amor-dazadas, Nombrarlo todo*, *Notas al pie [tergivérsame esta]*, y *Rómpase en caso de*. Edita la revista digital *Hipérbole Frontera*.

She is a writer, teacher and mom. Author of the poetry books *Letras Des-amor-dazadas, Nombrarlo todo*, *Notas al pie [tergivérsame esta]*, and *Rómpase en caso de*. She is the editor of the digital literary magazine *Hipérbole Frontera*.

Vicky Nizri (Cd. de México, México)

Es autora de *Un Asalto Mayúsculo* (1985), *Vida propia* (2000), *Lilith, la otra carta de Dios*, e *Improbables* (2015).

She is the author of *Un Asalto Mayúsculo* (1985), *Vida propia* (2000), *Lilith, la otra carta de Dios*, and *Improbables* (2015).

Liliana Núñez (León, Guanajuato)

En 2019 participó en el 3er Encuentro Universitario de Jóvenes Escritores de Morelia. Sus textos han sido publicados en *La trinca del cuento*, *San Diego Poetry Annual*, *Es lo Cotidiano* y en la antología de escritores guanajuatenses *Crestomatía-Gymkata*.

In 2019 Liliana participated in the 3rd University Meeting of Young Writers in Morelia. Her texts have been published in *La trinca del cuento*, *San Diego Poetry Annual*, *Es lo Cotidiano* and in the anthology of Guanajuato writers *Crestomatía-Gymkata*.

Jorge Ortega

Ha publicado más de una docena de títulos de poesía y ensayo en sellos editoriales de México, Argentina, España, Estados Unidos y Canadá, entre los que destacan *Ajedrez de polvo Estado del tiempo* y *Guía de forasteros*. Obtuvo el Premio Internacional de Poesía Jaime Sabines 2010. Su libro más reciente *Luce sotto le pietre* edición bilingüe italiano- español fue publicada por Edizioni Fili d´Aquilone in Rome in en Roma en 2020.

He is one of Mexico's most celebrated contemporary poets. His collection, *Devoción por la piedra*, won the Premio Internacional de Poesía Jaime Sabines of 2010. Other titles include *Ajedrez de polvo, Guía de forasteros* and *Estado del tiempo*. His literary work has been published in Mexico, Argentina, Spain, USA and Canada. . His most recent book is the Spanish-Italian bilingual poetic anthology *Luce sotto le pietre* published by Edizioni Fili d´Aquilone in Rome in 2020.

Ángel Ortuño (Tlajomulco de Zúñiga, Jalisco, México)

Su libro más reciente se titula *Gas lacrimógeno y otras cosas que no son poesías*, (Universidad de Guananjuato, col. Cocodrilos, 2018).

His most recent book is *Gas lacrimógeno y otras cosas que no son poesías*, (Universidad de Guananjuato, col. Cocodrilos, 2018).

Eduardo Padilla (Vancouver, Canadá)

Es autor de *Zimbabwe*, *Minoica* (en colaboración con Ángel Ortuño), *Mausoleo y áreas colindantes*, *Blitz*, *Un gran accidente*, *Hotel Hastings* y *Zwicky*.

He is the author of de *Zimbabwe*, *Minoica* (a collaboration with Ángel Ortuño), *Mausoleo y áreas colindantes*, *Blitz*, *Un gran accidente*, *Hotel Hastings* and *Zwicky*.

Andrés Paniagua

Poeta. Traductor. Autor de (*Sin nada detrás (*Periferia de escribidores, Mx, 2019), *Usted está aquí* (Ed. Mantarraya, Mx, 2016) y coautor de *Señales de ruta* (Herring Publishers, Gold Rain, Mx, 2019).

He is a poet and translator. His poetry collection: *Sin nada detrás (*Periferia de escribidores, Mx, 2019), *Usted está aquí* (Ed. Mantarraya, Mx, 2016) and co-author of *Señales de ruta* (Herring Publishers, Gold Rain, Mx, 2019).

Micaela Paredes Barraza (Santiago, Chile)

Escribe poesía. Cursó un MFA in Creative Writing in Spanish en NYU. Sus libros publicados son: *Nocturnal* (2017), *Ceremonias de Interior* (2019) y *Adiós a Ítaca* (2020).

She writes poetry. She has earned an MFA in Creative Writing in Spanish at NYU. Her published books are *Nocturnal* (2017), *Ceremonias de Interior* (2019) and *Adiós a Ítaca*.

Johnny Payne

Poeta y traductor. Dirige la MFA en Creación Literaria en Mount Saint Mary's University, Los Ángeles. Sus novelas incluyen *La muerte de Papi* y *The Hard Side of the River*. Sus poemarios *Vassal* y *Heaven of Ashes* fueron publicados por Mouthfeel Press.

He is a poet, novelist and playwright and teaches those genres in the program. His books of poetry are *Vassal* and *Heaven of Ashes*. His novels include *La muerte de Papi*, *Second Chance*, and *Kentuckiana*. He writes and teaches bilingually, and is part of the Transmedia Borders poetry group, performing in Mexico.

Omar Pimienta

Poeta. Es autor de los libros *El Album de las Rejas, Escribo desde aqui, La Libertad: ciudad de paso,* y *Primera Persona: Ella,*

He is a poet. His collection of books: *El Album de las Rejas, Escribo desde aqui, La Libertad: ciudad de paso,* and *Primera Persona: Ella,*

Imelda Ramírez Chávez

Licenciada en Administración Financiera. Traductora ocasional. Se interesa por las letras y la literatura.

She has a degree in Financial Administration. She is an occasional translator who is interested in literature and the arts.

Christopher Rey Pérez

Es autor de *Gauguin's notebook* (& Now Books, 2017). Editor of Dolce Stil Criollo, a magazine in, of, and around Latin America

He is the author of *Gauguin's notebook* (&Now Books, 2017). He is the editor of Dolce Stil Criollo, a magazine in, of, and around Latin America

Fernando Trejo (Tuxtla Gutiérrez, Chiapas, México).

Autor de los libros, entre otros, de *Solana* (FETA, 2014), *Ciervos* (Atrasalante, 2015), *Base Atenas* (Mantis Editores, 2016) y *La abuela está en la casa porque he visto su voz* (Cuadrivio, 2018).

He is the author of the books, among others : *Solana* (FETA, 2014), *Ciervos* (Atrasalante, 2015), *Base Atenas* (Mantis Editores, 2016) and *La abuela está en la casa porque he visto su voz* (Cuadrivio, 2018).

Mariela Cora Sztrum (Buenos Aires, Argentina)

Traductora, intérprete y educadora. Reside en Brasil.

Translator, interpreter and educator. She lives in Brazil.

Arnulfo Valdez Oleta (Escuinapa, México))

Autor de *Blanco perfecto* (2018), *Chicken Noodle Soup* (2015) / himenmag.com /.

He is the author of *Blanco perfecto* (2018), *Chicken Noodle Soup* (2015) / himenmag.com /.

Enzia Verduchi

Poeta y editora. Becaria del Centro Mexicano de Escritores en 1992. Premio Nacional de Cuento Efraín Huerta, 1992. Recientemente publicó los libros de poemas *Groenlandia* (Parentalia, 2018) y *Nanof* (Vaso Roto Ediciones, 2019)

Poet and Publisher. Fellow of the Mexican Center for Writers in 1992. She obtained the Efraín Huerta National Short Story Award, 1992. She recently published the collections of poems *Groenlandia* (Parentalia, 2018) and *Nanof* (Vaso Roto Ediciones, 2019).

Karen Villeda (Tlaxcala, México)

Su libro más reciente es *Anna y Hans* (Fondo de Cultura Económica, 2021). A la fecha, ha publicado seis poemarios, tres libros de ensayos y dos libros infantiles. Actualmente es editora titular de Este País, una de las revistas de mayor prestigio en México.

Her most recent book is *Anna y Hans* (Fondo de Cultura Económica, 2021). To date, she has published six books of poetry, three books of essays, and two children's books. She is currently the editor-in-chief of *Este País*, one of the most prestigious magazines in Mexico.

Ernestina Yépiz

Es poeta y narradora. Autora de los poemarios *La penumbra del paisaje*, *Los delirios de Eva* y *Los conjuros del cuerpo*; del libro de relatos *El café de la calle Mulberry* y de la novela *El sueño de Paloma Sanlúcar*.

She is poet, narrator and author of the poetry books *La penumbra del paisaje*, *Los delirios de Eva* y *Los conjuros del cuerpo*; of the short story book *El café de la calle Mulberry* and the novel *El sueño de Paloma Sanlúcar*.

Editora / Editor

Olga García (Torreón, México)

Poeta. Traductora. Escritora bilingüe (español e inglés). Forma parte de la San Diego Haiku Study Group. Sus libros de poesía más recientes son *Emily, Dark Matter* y *Visitaciones.* Su obra ha sido firmada bajo el seudónimo: **enriKetta luissi.**

Poet. Translator. Bilingual writer (Spanish and English). She is a member of the San Diego Haiku Study Group. Her most recent poetry books are *Emily*, *Dark Matter*, and *Visitations*. She writes under the pseudonym **enriKetta luissi**.

Editor en Jefe / Publisher

Michael Klam (San Diego, California)

Poeta. Ha escrito tres libros de poesía: *Cualquier Cosa por un Momento Aburrido* (Garden Oak Press: 2020), *El Vuelo Más Barato al Paraíso* (Puna Press: 2018), y *Emma y La Rana de Buda* (Puna Press). Organizó y presentó la serie de poesía y arte, que comenzó en 2001, y es editor ejecutivo y editor asociado del *Anuario de Poesía de San Diego,* y miembro de la junta directiva de San Diego Entertainment + Arts Guild.

Michael is a poet. He has written three poetry books: *Anything for a Dull Moment* (Garden Oak Press: 2020), *The Cheapest Flight to* Paradise (Puna Press: 2018), and *Emma and the Buddha Frog* (Puna Press). He organized and hosted the Poetry & Art Series, which began in 2001, and is Executive Editor and Associate Publisher of the *San Diego Poetry Annual*, and a member of the board of directors of the San Diego Entertainment + Arts Guild.

Editor Fundador

William Harry Harding (Rainbow, California)

Novelista, poeta, fotógrafo, músico: ha escrito cuatro novelas, incluyendo *Tres Mujeres y el Río o El inglés Que Olvidó Su Propio Nombre* (Lymer & Hart: 2018).

Bill es el fundador del *Anuario de Poesía de San Diego* y de su patrocinador, San Diego Entertainment + Arts Guild.

Novelist, poet, photographer, musician: he has written four novels, including *Three Women and the River or The Englishman Who Forgot His Own Name* (Lymer & Hart: 2018).

Bill is the founder of the *San Diego Poetry Annual* and of its sponsor, San Diego Entertainment + Arts Guild.

Agradecimiento

A los poetas y traductores.

A Amaranta Caballero Prado, Flora Calderón, Mónica Morales, Alfonso García Cortez, Gabriela Guinea, Julie Brossy, Kim Johnston, y José Héctor Cadena, por su apoyo.

A Karla Barajas por la palabra *Pozol* en su poema aquí incluido que sustenta el titulo de esta colección.

Thanks

To the poets and translators.

To Amaranta Caballero Prado, Flora Calderón, Mónica Morales, Alfonso García Cortez, Gabriela Guinea, Julie Brossy, Kim Johnston, and José Héctor Cadena, for their support.

To Karla Barajas for the word *Pozol* in her poem, included here, which sustains the title of this collection.

Créditos

Cubierta y Frontispicio:

Fuego de la máquina de escribir

collage de Juan Beaz

juanbeaz.com

Contraportada: *Retrato de una Familia*

dibujo por Mary Kowit

Credits

Cover and Frontispiece:

Fire from the typewriter

collage by Juan Beaz

juanbeaz.com

Back Cover: *FamilyPortrait*

drawing by Mary Kowit

www.ingramcontent.com/pod-product-compliance
Ingram Content Group UK Ltd.
Pitfield, Milton Keynes, MK11 3LW, UK
UKHW022019190726
13853UKWH00005B/2003

9 798786 635714